JN087378

TOEIC® L&Rテスト 英単語 ゼロからスコアが 稼げるドリル

高橋恭子 著

TOEIC is a registered trademark of ETS.
This publication is not endorsed or approved by ETS.
L&R means LISTENING AND READING.

はじめに

絶対に欠かせない300語を
問題が解ける形で身に付ける

「先生、単語テストでは良い点が取れるのに、TOEIC形式の問題を解く
と間違ってばかりで、やる気をなくします」

こんな嘆きを生徒さんからよく聞きます。ある程度の語彙力が付かない
と、英文の意味がとれないので、仕方ない部分はあります。しかし、「単語
テストで覚えた語彙が問題を解く力につながっていないのでは？」「単語か
らいきなり問題ではなく、単語を含むフレーズやセンテンスを理解した上
で、それらを含む問題に挑めば、覚えたことが生かされ、やる気につなが
るのではないか？」という疑問を抱き、この本は生まれました。

単語、その単語を含むフレーズ、センテンス、ストーリーをステップアッ
プ方式で理解し、聞くことで、無理なく自然に単語やフレーズを覚えられ、
最終的にはTOEIC本番形式の問題が解けるようになるんです！　本書の
テスト版でドリルと問題を解いたスコア300点台の生徒さんの「先生、正
解がわかるだけではなく、英語を聞きながら場面のイメージができました！」
という感想を聞いて、その効果を確信しました。

「ゼロドリ」シリーズは「英文法」から始まり、ありがたいことに今でもた
くさんの学習者の皆さんに使っていただいています。「英文法」からの本シ
リーズの編集担当で、お世話になりっぱなしのＡさん、執筆で弱音を吐く
私をいつも励ましてくれたＮさん、本書を執筆中、慣れない動画作りのサ
ポートをしてくれたＦさん、翻訳や原稿の見直しを丁寧にしてくれたＳさん、
モニタリングを快く引き受けてくれたＹさんなど、多くの人のお助けがあっ
て、今回の「英単語」を書き上げることができました。「わかった」「できた」
の小さな成功がスコアアップにつながり、皆さんに輝く笑顔をもたらしてく
れることを願ってやみません。

高橋恭子

本書の構成

本書は以下の4つのステップで構成されています。各ドリルで、語彙→フレーズ→センテンスと徐々に無理なく英語の量が増えていくように設計されています。STEP 3までで英語が身に付いていると、STEP 4のチャレンジドリルで本番形式の問題が解けるはずです。

STEP(1) 語彙ドリル

単語単位で意味を確認してください。知らなかった単語は音声を聞いて声に出して覚えましょう。

STEP(2) フレーズドリル

上記語彙を含むフレーズ単位で意味を確認してください。知らなかったフレーズは音声を聞いて声に出して覚えましょう。

STEP(3) センテンスドリル

上記語彙、フレーズを含むセンテンス単位で意味を確認してください。知らなかったセンテンスは音声を聞いて声に出して覚えましょう。

STEP(4) チャレンジドリル

上記語彙、フレーズ、センテンスを含む問題を解いてください。間違えた問題は何が原因だったかを確認しましょう。

目次

本書の使い方

[1. 基本練習 …… 赤シートを使って]

STEP 1 語彙ドリル

☐ **1 チャンツを聞きましょう。**
　Cの付いた音声には、英語（米発音）
→日本語→英語（英発音）→ポーズ
の順で収録されています。曲のリ
ズムに乗って、**英語の発音、訳を
確認してください。**ポーズで英語
を言うのもお勧め。

☐ **2 英→日変換をしましょう。**
　訳を赤シートで隠して、英語の意
味が言えるか確認しましょう。

☐ **3 日→英変換をしましょう。**
　余裕のある人は、英語を赤シート
で隠して、日本語を英語にできるか
確認しましょう。

STEP 2 フレーズドリル

☐ **1 音声を聞きましょう。**
　**意味の固まりで理解できているか確
認しましょう。**英語→日本語→英
語→ポーズの順に収録されているの
で、ポーズで英語を言うのもお勧め。

☐ **2 英→日変換をしましょう。**
　訳を赤シートで隠して、英語の意
味が言えるか確認しましょう。

☐ **3 日→英変換をしましょう。**
　余裕のある人は、英語を赤シート
で隠して、日本語を英語にできるか
確認しましょう。

音声マークについて

◀)) 002 …各ドリルの音声は、英語→日本語→英語→ポーズの順に収録されています。チャレンジドリルの UNIT 1〜20 は TOEIC形式の問題音声が、UNIT 21〜30 は問題の読み上げ音声が収録されています。

C ◀)) 001 …頭にCが付いているのはチャンツの音声です。曲のリズムに乗って英語を聞いたり声を出したりすると、語彙の定着を効果的に図ることができます。米英2種類の発音が聞けます。

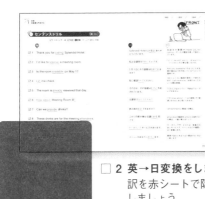

STEP 3 センテンスドリル

☐ **1 音声を聞きましょう。**
文単位で理解できているか確認しましょう。英語→日本語→英語→ポーズの順に収録されているので、ポーズで英語を言うのもお勧め。

☐ **2 英→日変換をしましょう。**
訳を赤シートで隠して、英語の意味が言えるか確認しましょう。

☐ **3 日→英変換をしましょう。**
余裕のある人は、英語を赤シートで隠して、日本語を英語にできるか確認しましょう。

STEP 4 チャレンジドリル

本番形式の問題を解きましょう。
STEP1〜3で学習した英語を含む本番形式の問題で、語彙、フレーズ、センテンスが身に付いているか確認してください。UNIT 1〜10 が Part 3、UNIT 11〜20 が Part 4、UNIT 21〜30 が Part 7形式の問題を取り上げています。

本書の使い方

[**2.音練習** ……音声を使って]

STEP ① 語彙ドリル

① **テキストを見ながら**、チャンツではない（頭にCが付いていない）音声のポーズで語彙を声に出して言いましょう。英語→日本語→英語→ポーズの順で収録されています。語彙の意味と発音を確認してください。
② 今度は**テキストを見ないで**、①と同じ音声のポーズで語彙を声に出して言いましょう。うまく言えない語彙があったら、テキストで確認し、全部言えるまで練習してください。

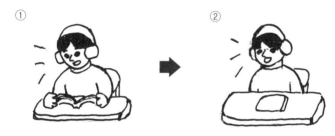

STEP ② フレーズドリル

① **テキストを見ながら**、音声のポーズでフレーズを声に出して言いましょう。フレーズの意味と発音を確認してください。
② 今度は**テキストを見ないで**、音声のポーズでフレーズを声に出して言いましょう。うまく言えないフレーズがあったら、テキストで確認し、全部言えるまで練習してください。

STEP ③ センテンスドリル

① **テキストを見ながら**、音声のポーズでセンテンスを声に出して言いましょう。センテンスの意味と発音を確認してください。
② 今度は**テキストを見ないで**、音声のポーズでセンテンスを声に出して言いましょう。うまく言えないセンテンスがあったら、テキストで確認し、全部言えるまで練習してください。

左記の練習で語彙が身に付いたかを本番形式の問題を解いて確認してください。

余裕のある人向け
チャレンジドリルの問題音声の活用法

チャレンジドリルは、解きっぱなしにするのはもったいないです。Part 3、4に加え、Part 7の問題音声も収録してあるので、まとまった文章のリスニングや、シャドーイングの素材として活用してください。

※シャドーイングとは、音声を聞いてそれを影のように少し遅れて声に出す練習。声に出すには聞き取らなくてはならず、ついていくには素早く正確に発話しなければならないので、ハードな練習ですが、耳と口を同時に鍛えることができる効果抜群のトレーニングです。最初はテキストを見ながらでも、うまく発話できずにアワアワとしか言えなくても構わないので、余裕がある人はぜひ、繰り返しチャレンジしてください。

なお、テキストがなくても、音声だけで、リスニング→リピーティング→シャドーイングなどの練習はできますので、スキマ時間を活用してどんどんインプットとアウトプットを行いましょう。触れる回数が増えるほど定着度が増します。

本書の学習音声の入手方法

本書の学習音声を、スマートフォンやパソコンに無料でダウンロードできます。ぜひ、活用してください。

―――――― スマートフォンの場合 ――――――

 語学学習アプリ「booco」【無料】
アルクが無料提供しているアプリです。再生スピードの変更（0.5倍〜3倍）や数秒の巻き戻し・早送り、リピート再生などが可能になります。

① **語学学習用アプリ boocoのダウンロード**
スマホに、アルクが無料提供している
アプリ「booco」をダウンロード。
※ App Store、Google Play から「booco」で検索

② **本署を探す**
ホーム画面下の「さがす」ページで本書の商品コード
7020060 で検索。

③ **本書の音声をダウンロード**

―――――― パソコンの場合 ――――――

以下のサイトで本書の商品コード7020060で
検索してください。

アルクのダウンロードセンター
https://portal-dlc.alc.co.jp/

※ boocoのサービス内容は予告なく変更する場合がございます。
あらかじめご了承ください。

TOEIC® L&Rテスト 英単語 ゼロからスコアが稼げるドリル

☐ 6~9 ページの本書の使い方を参照して、学習を始めましょう！

☐ 音声の入手方法は左ページにあります。

☐ 音声マーク

C 🔊 001 ········ 曲のリズムに乗って語彙を習得するための
チャンツの音声

🔊 002 ············語彙ドリルとフレーズドリル、センテンスドリルの
音声は、英語→日本語→英語→リピート用ポーズの
順で収録されています。チャレンジドリルは問題音声
です。

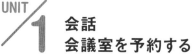

UNIT 1

会話
会議室を予約する

STEP 1 語彙ドリル　　C 🔊 001 🔊 002

☑1 チャンツ → ☑2 英▶日変換 → ☑3 日▶英変換

	英語	品詞	日本語
☑ 1	call	動	電話する
☑ 2	reserve	動	予約する
☑ 3	available	形	利用できる
☑ 4	let	動	～させる
☑ 5	already	副	すでに
☑ 6	How about ~?		～はどうですか?
☑ 7	provide	動	提供する
☑ 8	attendee	名	出席者
☑ 9	catering	名	ケータリング、仕出し
☑ 10	send	動	送る

STEP 2 フレーズドリル 🔊 003

☑1 リスニング → ☑2 英→日変換 → ☑3 日→英変換

 英語　　　　　　　　　　 日本語

☑ 1 call Splendid Hotel　　　Splendid Hotel に電話する

☑ 2 reserve a meeting room　　会議室を予約する

☑ 3 Is the room available?　　その部屋は利用できますか？

☑ 4 let me ~　　　　　　　　私に〜させてください

☑ 5 The room is already reserved.　その部屋はすでに予約されています。

☑ 6 How about this place?　　この場所はどうですか？

☑ 7 provide drinks　　　　　　飲み物を提供する

☑ 8 meeting attendee　　　　会議出席者

☑ 9 catering service　　　　ケータリングサービス

☑ 10 send you a menu　　　　メニューをあなたに送る

13

STEP 3 センテンスドリル 🔊 004

☑1 リスニング → ☑2 英▸日変換 → ☑3 日▸英変換

英語

☐ 1　Thank you for calling Splendid Hotel.

☐ 2　I'd like to reserve a meeting room.

☐ 3　Is the room available on May 1?

☐ 4　Let me check.

☐ 5　The room is already reserved that day.

☐ 6　How about Meeting Room B?

☐ 7　Can we provide drinks?

☐ 8　These drinks are for the meeting attendees.

☐ 9　We have a catering service.

☐ 10　I will send you a menu.

FRONT

日本語	解説
Splendid Hotel にお電話ありがとうございます。	会話文の冒頭が Thank you for calling ~ だったら電話を使って話をしています。
私は会議室を予約したいです。	I'd (= I would) like to ~ は want to ~（〜したい）の丁寧な言い方です。
5月1日にその部屋は利用できますか？	Are you available? のように人が主語の場合は「手が空いている？」という意味です。
私に確認させてください。	〈let＋人＋do（動詞の原形）〉で使われます。Let me know.（お知らせください）も頻出表現。
その日は、その部屋はすでに予約されています。	TOEICではたいてい、予約はスムーズにできません。
会議室 B はどうですか？	この How about ~? は「提案」や「勧誘」をするときに用いられます。
飲み物を提供できますか？	refreshments（軽食）も頻出。
これらの飲み物は会議出席者用です。	attendeeの動詞形 attend(出席する)も頻出。一緒に覚えましょう。
ケータリングサービスがあります。	ケータリングサービスとは、食事の仕出しサービスで、イベントなどの場面によく登場します。
メニューをあなたに送付します。	郵便で送るときは mail（郵送する）をよく使います。

15

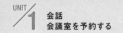

チャレンジドリル

音声を聞いて、次の質問（音声あり）に答えましょう。音声の英文と解答は次ページ。

Part 3 🔊 005

1. Where does the man work?
  (A) At a hotel
  (B) At a library
  (C) At a flower shop
  (D) At a department store

2. Why is the woman calling the man?
  (A) To order some gifts
  (B) To ask about a new book
  (C) To cancel an appointment
  (D) To reserve a meeting room

3. What will the man probably do next?
  (A) Start a business
  (B) Send a menu
  (C) Use a coupon
  (D) See a doctor

※英文・訳の色文字は正解のヒント箇所です。

問題の英文

Questions 1 through 3 refer to the following conversation. (Unit 2以降省略)

M: Hello, thank you for calling Splendid Hotel. How may I help you?

W: I'd like to reserve Meeting Room C. Is the room available on May 1?

M: Let me check. I'm sorry. It's already reserved that day. How about Meeting Room B?

W: That's fine. We'd like to provide drinks for the meeting attendees. Can we have drinks in the room?

M: Yes. Our hotel has a catering service. I will send you a menu.

問題の訳

問題1～3は次の会話に関するものです。

男性：もしもし、Splendid Hotelにお電話ありがとうございます。ご用件をお伺いいたします。

女性：C会議室を予約したいです。5月1日に部屋は利用できますか？

男性：確認させてください。申し訳ございません。その日はすでに予約が入っております。B会議室はいかがでしょうか？

女性：結構です。飲み物を会議の出席者に提供したいです。会議室で飲み物を飲めますか？

男性：はい。当ホテルではケータリングサービスがございます。メニューを送付いたします。

設問の訳

1. 男性はどこで働いていますか。

(A) ホテル

(B) 図書館

(C) 花屋

(D) デパート

2. なぜ女性は男性に電話をしていますか。

(A) 贈り物を注文するため

(B) 新しい木について尋ねるため

(C) 予約をキャンセルするため

(D) 会議室を予約するため

3. 男性はおそらく次に何をしますか。

(A) 会社を起こす

(B) メニューを送付する

(C) 割引券を使う

(D) 医者に診てもらう

語注

library 図書館　department store デパート　order 注文する　ask 尋ねる appointment 予約　probably おそらく　business 会社　coupon 割引券

正解

1. (A)　**2.** (D)　**3.** (B)

UNIT 2

会話
プロジェクターが使えない！

 **語彙ドリル**　　C　◀)) 006　◀)) 007

☑1 チャンツ → ☑2 英▶日変換 → ☑3 日▶英変換

	英語	品詞	日本語
☑ 1	conference	名	会議
☑ 2	hand	名	手助け
☑ 3	problem	名	問題
☑ 4	work	動	動く
☑ 5	wrong	形	故障して
☑ 6	sure	形	確かな
☑ 7	turn on		（電源）を入れる
☑ 8	happen	動	起こる
☑ 9	right now		すぐに
☑ 10	department	名	部（署）

STEP **2** フレーズドリル　　🔊 008

☑1 リスニング　➡　☑2 英▶日変換　➡　☑3 日▶英変換

 英語　　　　　　　　　　　 日本語

☑ 1　call from a <u>conference</u> room　会<u>議</u>室から電話する

☑ 2　give me a <u>hand</u>　　　　<u>手助け</u>をする

☑ 3　have a <u>problem</u>　　　　<u>問題</u>がある

☑ 4　The projector doesn't <u>work</u>.　プロジェクターが<u>動</u>かない。

☑ 5　Is something <u>wrong</u>?　　何か<u>故障</u>していますか？

☑ 6　not <u>sure</u>　　　　　　　<u>確</u>かでない

☑ 7　<u>turn</u> the power <u>on</u>　　　<u>電源を入れる</u>

☑ 8　<u>nothing</u> happ<u>ened</u>　　　何も<u>起こら</u>なかった

☑ 9　go there <u>right</u> <u>now</u>　　<u>すぐに</u>そこに行く

☑ 10　contact the IT <u>department</u>　IT <u>部</u>に連絡を取る

STEP 3 センテンスドリル 🔊 009

☑1 リスニング → ☑2 英▶日変換 → ☑3 日▶英変換

英語

☑ 1　I'm calling from the conference room.

☑ 2　Would you give me a hand?

☑ 3　I have a problem.

☑ 4　The projector in the conference room doesn't work.

☑ 5　Is something wrong with the projector?

☑ 6　I'm not sure.

☑ 7　I turned the power on.

☑ 8　I did, but nothing happened.

☑ 9　I can't go there right now.

☑ 10　You should contact the IT department.

日本語	解説
<u>会議室</u>から電話をかけています。	話者のいる場所、勤務先などが call from の後に続きます。設問でよく問われるので、聞き逃さないように。
<u>手助け</u>をお願いできますか？	<give＋人＋a hand>で「人に手を貸す、手伝う（＝help）」の意味です。
<u>問題</u>があります。	TOEICでは、飛行機の遅延、交通渋滞、機械の故障など、トラブルの話題が頻出です。
会議室のプロジェクターが<u>動き</u>ません。	work は人が主語の場合「働く」、物が主語の場合「(にんべんが取れて) 動く」
プロジェクターの何かが<u>故障して</u>いるのですか？	パソコンやコピー機などは頻繁に wrong（故障、不具合）が起こります。
<u>確か</u>ではありません。	I don't know.（わかりません）より I'm not sure.（確かではない。よくわかりません）のほうが、やや丁寧な印象を与えます。
私は電源を<u>入れました</u>。	on は「接触」を表します。切断（off）されていたものが、スイッチで接触（on）させることで電源が入ります。
やったのですが、何も<u>起こり</u>ませんでした。	happen は想定外な事が起こることを表します。TOEICの世界では想定外のことがよく happen します。
<u>すぐに</u>そこに行けません。	right away（すぐに）も同じように使われます。I'll do it right away.（すぐにそれをやります）
IT <u>部</u>に連絡したほうがいいです。	department は「部署」の意味ですが、後ろに store が付くと「百貨店」になります。

 チャレンジドリル

音声を聞いて、次の質問に答えましょう。音声の英文と解答は次ページ。

Part 3 　📢 010

1. Where is the man?
   (A) At the station
   (B) In the library
   (C) At the airport
   (D) In the conference room

2. What is the man's problem?
   (A) He cannot send an e-mail.
   (B) His appointment was canceled.
   (C) He cannot use the projector.
   (D) His order was not available.

3. What will the man probably do next?
   (A) Go to a discount shop
   (B) Contact the IT department
   (C) Give the woman a hand
   (D) Reserve a room

問題の英文

M: Meg! I'm calling you from the conference room. Would you give me a hand? I have a problem! The projector in the conference room doesn't work.

W: Is something wrong with the projector?

M: I'm not sure. I turned the power on but nothing happened.

W: I'm sorry but I can't go there right now. How about contacting the IT department for help?

M: OK. I'll ask them right away. Thanks a lot!

問題の訳

男性：Meg！　今会議室から電話をかけています。手を貸してくれませんか? 問題があるんです!　会議室のプロジェクターが動きません。

女性：プロジェクターの何かが故障しているんですか?

男性：よくわかりません。電源を入れたのに何も起こりませんでした。

女性：ごめんなさい、今すぐそこに行けません。IT部に連絡して手伝ってもらったらどうでしょうか?

男性：わかりました。すぐ彼らに聞いてみます。どうもありがとう!

設問の訳

1. 男性はどこにいますか。

(A) 駅

(B) 図書館

(C) 空港

(D) 会議室

2. 男性の問題は何ですか。

(A) 彼はメールを送ることができない。

(B) 彼の予約がキャンセルされた。

(C) 彼はプロジェクターを使うことができない。

(D) 彼の注文品が入手できなかった。

3. 男性は次に何をすると思われますか。

(A) ディスカウントショップに行く

(B) IT部に連絡を取る

(C) 女性を手助けする

(D) 部屋を予約する

語注

station 駅　airport 空港　order 注文 (品)

正解

1. (D)　**2.** (C)　**3.** (B)

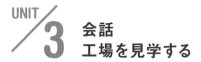

UNIT 3 会話 工場を見学する

STEP 1 語彙ドリル　C　🔊 011　🔊 012

☑1 チャンツ → ☑2 英▶日変換 → ☑3 日▶英変換

	英語	品詞	日本語
☑1	receive	動	受け取る
☑2	factory	名	工場
☑3	arrange	動	手配する
☑4	employee	名	従業員
☑5	someone	名	誰か
☑6	sales	名	営業、売り上げ
☑7	likely	副	おそらく
☑8	Why don't ~?		~しませんか？
☑9	sound great		いいですね
☑10	reservation	名	予約

1回目　／　2回目　／　3回目　／

24　単語暗記JOKE　あ！レンジ（arrange）を「手配する」んだった！

② フレーズドリル 🔊 013

☑1 リスニング → ☑2 英▶日変換 → ☑3 日▶英変換

 英語　　　　　　　　　　 日本語

☑ 1	receive an itinerary	旅程表を受け取る
☑ 2	factory tour	工場見学ツアー
☑ 3	arrange a business trip	出張を手配する
☑ 4	factory employees	工場の従業員たち
☑ 5	someone from your company	あなたの会社の誰か
☑ 6	sales department	営業部
☑ 7	likely join us	おそらく私たちに加わる
☑ 8	Why don't we ~?	（私たちは）～しませんか？
☑ 9	That sounds great.	それはいいですね。
☑ 10	make a reservation	予約する

25

STEP 3 センテンスドリル　(◆)) 014

☑1 リスニング → ☑2 英▶日変換 → ☑3 日▶英変換

英語

☑ 1　Did you receive the itinerary?

☑ 2　The itinerary is for the factory tour.

☑ 3　Thank you for arranging the business trip.

☑ 4　It's nice to meet the factory employees.

☑ 5　Someone from your company is coming.

☑ 6　He works for the sales department.

☑ 7　He will likely join us.

☑ 8　Why don't we go for lunch?

☑ 9　That sounds great to me.

☑ 10　Let me make a reservation.

 日本語　　　　　　　　　　　　　　　 解説

旅程表を<u>受け取り</u>ましたか？	itineraryは、出張や観光旅行の「日程表」でPart 7によく登場します。
その旅程表は<u>工場</u>見学ツアー用です。	他に美術館ツアー、植物園ツアー、ボートツアー、自転車ツアーなども。
出張の<u>手配</u>をしてくれてありがとう。	Part 1では、arrangeは机などを「並べる」の意味でも登場します。
工場の<u>従業員</u>たちに会えるのはいいですね。	工場に入るとき、IDカード、安全バッジやヘルメットなどをもらいます。
あなたの会社の<u>誰か</u>が来ます。	someoneが主語の場合、動詞は単数扱いです。Part 5の設問ポイントです。
彼は<u>営業部</u>で働いています。	部署名は他にmarketing（マーケティング）、personnel（人事）などがよく登場します。
彼は<u>おそらく</u>私たちに加わるでしょう。	most likely ~（~だと考えられる）は、Part 3、4、7の質問で頻出です。
<u>ランチに行きません</u>か？	How about ~?と同様、誘いかけるときに使う表現です。相手に提案するときは、Why don't you ~?（~したらどうですか？）。
私は<u>それでいい</u>です。	Thatが省かれて、Sounds great.となることもあります。
<u>予約</u>をさせてください。	「予約する」は、reserve（動詞）か、make a reservation（名詞）で表します。

27

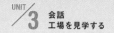 チャレンジドリル

音声を聞いて、次の質問に答えましょう。音声の英文と解答は次ページ。

Part 3

1. What did the woman receive?
(A) An itinerary
(B) A ticket
(C) A watch
(D) A menu

2. What are the speakers planning to do?
(A) Use a projector
(B) Go to a conference room
(C) Tour a factory
(D) Order catering service

3. What will the woman do next?
(A) Provide refreshments
(B) Contact the IT department
(C) Go to a shopping mall
(D) Make a lunch reservation

問題の英文

M: Sarah, did you receive the itinerary for the factory tour?

W: Let me check. Oh, yes, thank you for arranging it.

M: No problem. It will be nice to meet the factory employees. Someone from the sales department will likely join us. After the tour, why don't we go for lunch?

W: That sounds great! Let me make a lunch reservation for us.

問題の訳

男性：Sarah、工場見学ツアーの旅程表を受け取りましたか？

女性：確認させてください。ああ、はい、手配してくれてありがとうございます。

男性：どういたしまして。工場の従業員の皆さんと会えるのはいいですね。おそらく営業部の誰かが私たちに加わるでしょう。ツアーの後に、ランチに行きませんか？

女性：それはいいですね！　ランチの予約は私にさせてください。

設問の訳

1. 女性は何を受け取りましたか。

(A) 旅程表

(B) チケット

(C) 腕時計

(D) メニュー

2. 話し手は何を計画していますか。

(A) プロジェクターを使う

(B) 会議室に行く

(C) 工場を見学する

(D) ケータリングサービスを注文する

3. 女性は次に何をしますか。

(A) 軽食を提供する

(B) IT部に連絡する

(C) ショッピングモールに行く

(D) ランチの予約をする

語注

No problem. どういたしまして。問題ありません。　tour 見学ツアーをする　refreshments 軽食

正解

1. (A)　**2.** (C)　**3.** (D)

1回目 ／ 2回目 ／ 3回目 ／

UNIT 4 会話
プレゼン準備で映画に行けない

STEP 1 語彙ドリル

C 016 017

☐1 チャンツ → ☐2 英▸日変換 → ☐3 日▸英変換

	英語	品詞	日本語
☐ 1	coworker	名	同僚
☐ 2	wish	動	～したいと思う
☐ 3	interested	形	興味がある
☐ 4	finish	動	終える
☐ 5	yet	副	まだ
☐ 6	collect	動	集める
☐ 7	explain	動	説明する
☐ 8	local	形	地元の
☐ 9	busy	形	忙しい
☐ 10	appreciate	動	感謝する

 単語暗記JOKE 「まだ」傷が癒えっと（yet）ません。

STEP 2 フレーズドリル　🔊018

☑1 リスニング ➡ ☑2 英▶日変換 ➡ ☑3 日▶英変換

 英語　　　　　　　　　　　　　　 日本語

	英語	日本語
☑1	My coworkers and I	私の同僚たちと私は
☑2	I wish ~	私は~したいと思う
☑3	I'm interested in ~	私は~に興味がある
☑4	finish preparing the presentation	プレゼンの準備を終える
☑5	not ~ yet	まだ~ない
☑6	collect more information	さらに情報を集める
☑7	explain a new project	新しいプロジェクトを説明する
☑8	local residents	地元の住人
☑9	very busy	とても忙しい
☑10	appreciate your offer	あなたの申し出に感謝する

STEP 3 センテンスドリル 019

☐1 リスニング → ☐2 英▸日変換 → ☐3 日▸英変換

英語

☐ 1 My coworkers and I will go to the movie theater.

☐ 2 I wish I could.

☐ 3 I'm interested in his performance.

☐ 4 I have finished preparing the presentation.

☐ 5 We haven't ordered yet.

☐ 6 I need to collect more information.

☐ 7 I have to explain a new project to them.

☐ 8 They are local residents.

☐ 9 You must be very busy.

☐ 10 I really appreciate your offer.

UNIT 4 会話 プレゼン準備で映画に行けない

日本語	解説
私の<u>同僚</u>たちと私は映画館に行きます。	co（一緒に）＋worker（働く人）＝「同僚」
私はできれば<u>そうしたいと思う</u>のですが。	したくてもできないときに使われる決まり文句です。そのまま覚えましょう。
私は彼の演技に<u>興味があります</u>。	be interested in ~（~に興味がある）と熟語として覚えましょう。
プレゼンの準備を<u>終え</u>ました。	finishの後に動詞がくる場合は動名詞（ing形）になります。prepare（準備する）も頻出単語。
<u>まだ</u>注文していません。	not ~ yet（まだ~ない）のセットで覚えましょう。
さらに情報を<u>集める</u>必要があります。	collectの名詞形collection（収集）も頻出。correct（修正する）と間違えないように。
私は新しいプロジェクトを彼らに<u>説明</u>しなければなりません。	〈explain ~＋to＋人〉の形で「~を人に説明する」。
彼らは<u>地元</u>の住人です。	localは「田舎」ではなく「地元」。local business（地元の企業）、local food（地元の食べ物）なとも登場します。
あなたはとても<u>忙しい</u>んですね。	busyは道路が主語だと「混んでいる」の意味になります。must beは「~に違いない」。
あなたの申し出に本当に<u>感謝</u>します。	よりカジュアルな場面では、Thank you for ~（~をありがとう）が使われます。

⁴ チャレンジドリル

音声を聞いて、次の質問に答えましょう。音声の英文と解答は次ページ。

Part 3 🔊 020

1. Where is the woman most likely going tonight?
(A) To a movie theater
(B) To a hotel
(C) To a conference
(D) To a museum

2. What is the man doing?
(A) Repairing a projector
(B) Arranging a factory tour
(C) Setting up a computer
(D) Preparing a presentation

3. What does the man have to do next week?
(A) Attend a meeting
(B) Cancel an order
(C) Explain a new project
(D) Join a workshop

問題の英文

W: Simon, my coworkers and I are going to see Janet Goldman's movie tonight. Why don't you join us if you're available?

M: I wish I could. I'm interested in her movies, but I haven't finished preparing the presentation yet. I need to collect more information for our new project and then have to explain it to some local residents next week.

W: You must be very busy. Let me know if you need any help.

M: Thank you. I really appreciate your offer.

問題の訳

女性：Simon、同僚たちと私は今夜 Janet Goldman の映画を見に行きます。もしよければ一緒に行きませんか？

男性：できればそうしたいのですが。彼女の映画には興味がありますが、まだプレゼンの準備が終わっていません。新しいプロジェクトの情報をさらに集める必要があって、来週地元の住人にそれについて説明しなければなりません。

女性：とても忙しいんですね。もし手伝いが必要なら教えてください。

男性：ありがとう。あなたの申し出に本当に感謝します。

設問の訳

1. 女性は今夜どこに行くと考えられますか。
(A) 映画館
(B) ホテル
(C) 会議
(D) 美術館

2. 男性は何をしていますか。
(A) プロジェクターの修理
(B) 工場見学ツアーの手配
(C) パソコンの設定
(D) プレゼンの準備

3. 男性は来週何をしなければいけませんか。
(A) 会議に出席する
(B) 注文を取り消す
(C) 新しいプロジェクトについて説明する
(D) 研修会に加わる

語注

repair 修理する　set up ～を設定する　attend 出席する　join 加わる　workshop 研修会

正解

1. (A)　**2.** (D)　**3.** (C)

UNIT 5
会話
オフィスを借りる

 語彙ドリル C

☑1 チャンツ → ☑2 英▶日変換 → ☑3 日▶英変換

	英語	品詞	日本語
☑ 1	real estate		不動産
☑ 2	mention	動	述べる、言う
☑ 3	look for ~		～を探す
☑ 4	rent	名	賃貸
☑ 5	find	動	見つける
☑ 6	request	名	要望
☑ 7	location	名	場所
☑ 8	hire	動	雇う
☑ 9	make sure		確かめる
☑ 10	enough	形	十分な

STEP 2 フレーズドリル　🔊 023

☑1 リスニング　→　☑2 英▶日変換　→　☑3 日▶英変換

 英語　　 日本語

☑ 1	real estate agency	不動産業者
☑ 2	You mentioned that ~	～とあなたは言った
☑ 3	look for an office	オフィスを探す
☑ 4	an office for rent	賃貸用のオフィス
☑ 5	find a larger office	より広いオフィスを見つける
☑ 6	have a few requests	いくつか要望がある
☑ 7	for the new location	新しい場所への
☑ 8	hire additional staff	追加のスタッフを雇う
☑ 9	want to make sure	確かめたい
☑ 10	enough parking space	十分な駐車スペース

37

 セ ン テ ン ス ド リ ル 🔊 024

☐1 リスニング → ☐2 英▶日変換 → ☐3 日▶英変換

 英語

☐ 1 This is Templeton Real Estate Agency.

☐ 2 You mentioned that you contacted me.

☐ 3 You're looking for an office.

☐ 4 I know an office for rent.

☐ 5 Help me find a larger office.

☐ 6 I have a few requests.

☐ 7 Do you have any requests for the new location?

☐ 8 We're hiring additional staff.

☐ 9 I want to make sure.

☐ 10 We have enough parking space.

日本語	解説
こちらは Templeton 不動産（業者）です。	This is ~ は、電話で自分を名乗る時の定型表現です。I am ~ とは言いません。
あなたは私に連絡をしたと言いました。	mentionは同形の名詞（言及）も覚えておきましょう。
あなたはオフィスを探しています。	look for ~ は求人の話題にもよく出る表現です。
私は賃貸用のオフィスを知っています。	動詞 rent（借りる）も頻出。お金を払って借りることを表します。レンタカー、レンタルビデオなど。
より広いオフィスを見つけるのを手伝ってください。	findは「わかる」という意味でも使われます。I found (findの過去) it difficult.（それが難しいとわかった）。
いくつか要望があります。	requestは「リクエスト曲」でも知られていますが、同形の動詞（要求する）も覚えておきたいです。
新しい場所への要望が何かありますか？	locationは撮影の「ロケ地」という意味でもおなじみですが、室内外問わず「場所」や「配置」の意味で最も使われます。
私たちは追加のスタッフを雇うつもりです。	hireは recruit（採用する）、employ（雇う）に言い換えられます。
私は確かめたいです。	make sure (that) S+Vや make sure of ~（〜を確かめる）の形で使われることが多いです。
十分な駐車スペースがあります。	enoughには、It is big enough.（それは十分大きい）のように、形容詞 (big) を後ろから説明する副詞の役目もあります。

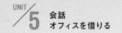

チャレンジドリル

音声を聞いて、次の質問に答えましょう。音声の英文と解答は次ページ。

Part 3  025

1. Where does the man work?
(A) At a real estate agency
(B) At a department store
(C) At a catering company
(D) At a factory

2. Why did the woman send an e-mail?
(A) To arrange a business trip
(B) To place an order
(C) To find a new office
(D) To explain an itinerary

3. What does the woman plan to do?
(A) Meet some factory employees
(B) Hire additional staff
(C) Contact the IT department
(D) Prepare a presentation

問題の英文

M: Hello, Ms. Simpson. This is Ken Tanaka from Templeton Real Estate Agency. Thank you for your e-mail. You mentioned that you're looking for an office for rent.

W: Yes, I need more space. Could you help me find a larger office?

M: Sure. Do you have any requests for the new location?

W: We're hiring additional staff so I want to make sure we have enough parking space.

問題の訳

男性：もしもし、Simpsonさん。 こちらは、Templeton 不動産会社の Ken Tanaka です。メールをありがとうございました。賃貸用のオフィスをお探しと伺いました。

女性：はい、スペースがさらに必要なのです。もっと広いオフィスを見つけるのを手伝ってもらえないでしょうか？

男性：承知しました。新しい場所について何かご要望はございますか？

女性：追加のスタッフを雇うつもりなので、十分な駐車スペースがあるか確かめたいです。

設問の訳

1. 男性はどこで働いていますか。
(A) 不動産会社
(B) デパート
(C) ケータリング会社
(D) 工場
2. 女性はなぜメールを送りましたか。
(A) 出張を手配するため
(B) 注文をするため
(C) 新しいオフィスを見つけるため
(D) 旅程表を説明するため
3. 女性は何をする予定ですか。
(A) 工場の従業員たちと会う
(B) 追加のスタッフを雇う
(C) IT部に連絡する
(D) プレゼンを準備する

語注

place an order 注文をする

正解

1. (A) **2.** (C) **3.** (B)

UNIT 6

会話
スーツケースの在庫がない

STEP 1 語彙ドリル

C ◀» 026 ◀» 027

☑1 チャンツ → ☑2 英▶日変換 → ☑3 日▶英変換

	英語	品詞	日本語
☑ 1	purchase	動	購入する
☑ 2	choose	動	選ぶ
☑ 3	different	形	違う
☑ 4	prefer	動	好む
☑ 5	stock	名	在庫
☑ 6	popular	形	人気がある
☑ 7	suitable	形	適している
☑ 8	purpose	名	目的
☑ 9	expect to ~		～する予定だ
☑ 10	other	形	他の

単語暗記JOKE どっちか「選ぶ」ならチューズ (choose) デー!

STEP 2 フレーズドリル 🔊 028

☑ 1 リスニング → ☑ 2 英▶日変換 → ☑ 3 日▶英変換

 英語　　　　　　　　　　　　 日本語

	英語	日本語
☑ 1	<u>purchase</u> a suitcase	スーツケースを<u>購入する</u>
☑ 2	<u>choose</u> from ~	～から<u>選ぶ</u>
☑ 3	several <u>different</u> colors	いくつかの<u>違う</u>色
☑ 4	<u>prefer</u> a black one	黒いほうを<u>好む</u>
☑ 5	out of <u>stock</u>	<u>在庫</u>切れ
☑ 6	That color is very <u>popular</u>.	あの色はとても<u>人気が</u><u>あり</u>ます。
☑ 7	<u>suitable</u> for business	仕事用に<u>適している</u>
☑ 8	for many <u>purposes</u>	いろいろな<u>目的</u>に
☑ 9	<u>expect to</u> have more suitcases	スーツケースをもっと<u>入荷する予定だ</u>
☑ 10	<u>other</u> stores	<u>他の</u>お店

43

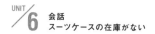

③ センテンスドリル 🔊 029

☑1 リスニング → ☑2 英▶日変換 → ☑3 日▶英変換

英語

☑ 1　I'd like to purchase a suitcase.

☑ 2　You can choose from many colors.

☑ 3　It comes in several different colors.

☑ 4　I prefer a black one.

☑ 5　The item is out of stock.

☑ 6　That color is very popular with our customers.

☑ 7　That color is suitable for business.

☑ 8　The product is used for many purposes.

☑ 9　We're expecting to have more suitcases.

☑ 10　Let me check other stores.

UNIT 6 会話　スーツケースの在庫がない

日本語	解説
スーツケースを<u>購入</u>したいです。	purchaseは、buy（買う）と同じ意味ですが、ビジネスの場面でよく使われます。
多くの色から<u>選ぶ</u>ことができます。	chooseの名詞形は choice（選択）です。
それはいくつかの<u>違う</u>色があります。	different from A（Aと違う）という使い方も覚えておきましょう。
黒のほうを<u>好み</u>ます。	preferは、他のものと比べてこっちが好き、と言いたいときの表現です。
その商品は<u>在庫切れ</u>です。	TOEICでは、洋服、本、家電などの在庫切れがよく起こります。「在庫あり」は in stock。
あの色はお客さまにとても<u>人気が</u><u>あり</u>ます。	pop musicの popは popularの省略形です。
その色は仕事用に<u>適し</u>ています。	suitableは、suit（〜に合う）の形容詞形。be suitable for〜で覚えましょう。
その製品はいろいろな<u>目的</u>に使われています。	purposeは、What is the purpose of the e-mail?のように、メールや電話の目的を問われる際の頻出単語です。
スーツケースをもっと入荷する<u>予</u><u>定</u>です。	この expectは「予定（予期）する」という意味で、expect to do（動詞の原形）の形でよく使われます。
<u>他</u>の店を探させてください。	otherの後ろは名詞の複数形です。

チャレンジドリル

音声を聞いて、次の質問に答えましょう。音声の英文と解答は次ページ。

Part 3 🔊 030

1. What is the man purchasing?
(A) A television
(B) A projector
(C) A smartphone
(D) A suitcase

2. Why is the black color very popular?
(A) It is suitable for many purposes.
(B) It is easy to use.
(C) It is reasonable.
(D) It is very lightweight.

3. What will the woman do next?
(A) Meet with local residents
(B) Check other stores
(C) Look for a real estate agency
(D) Hire additional employees

問題の英文

M: Excuse me. I'd like to purchase a suitcase for a business trip tomorrow.

W: Certainly, sir. You can choose from several different colors.

M: I prefer a black one.

W: I'm so sorry. The black one is out of stock right now. It's very popular with our customers because that color is suitable for many purposes. We're expecting to have more next week.

M: Oh, I really would like one today. I'd like to take the new suitcase with me on my trip.

W: Let me check our other stores. Maybe they will have that color in stock.

問題の訳

男性：すみません。明日の出張用にスーツケースを購入したいんですが。

女性：かしこまりました。いくつかの違う色からお選びいただけます。

男性：黒のがいいです。

女性：申し訳ありません。黒色のものは現在在庫切れです。あの色はいろいろな目的に適しているので、お客さまにとても人気があるんです。来週もっと入荷する予定です。

男性：ああ、今日本当にほしいのです。新しいスーツケースを出張に持っていきたいんです。

女性：他のお店に確認してみます。おそらく他の店にはその色の在庫があると思います。

設問の訳

1. 男性は何を買おうとしていますか。
(A) テレビ
(B) プロジェクター
(C) スマートフォン
(D) スーツケース
2. なぜ黒色はとても人気なのですか。
(A) いろいろな目的に適しているから
(B) 使いやすいから
(C) 値段が手頃だから
(D) とても軽量だから
3. 女性は次に何をしますか。
(A) 地元の住人に会う
(B) 他の店に確認する
(C) 不動産業者を探す
(D) 追加の従業員を雇う

語注

Certainly. かしこまりました。 easy to use 使いやすい　reasonable 値段が手頃な　lightweight 軽量な

正解

1. (D)　**2.** (A)　**3.** (B)

会話
シャトルバスを利用する

 ☑1 チャンツ → ☑2 英▶日変換 → ☑3 日▶英変換

	英語	品詞	日本語
☑ 1	ride	名	車に乗せること
☑ 2	shuttle bus		送迎バス
☑ 3	depart	動	出発する
☑ 4	downtown	名	中心街
☑ 5	fare	名	運賃
☑ 6	helpful	形	役に立つ
☑ 7	suggest	動	勧める、提案する
☑ 8	limited	形	限られて
☑ 9	crowded	形	混雑した
☑ 10	advice	名	助言

STEP 2 フレーズドリル 🔊 033

☑1 リスニング → ☑2 英▸日変換 → ☑3 日▸英変換

 英語　　　　　　　　　 日本語

	英語	日本語
☑ 1	give me a <u>ride</u>	私を<u>車</u>に乗せてください
☑ 2	<u>shuttle bus</u> to the airport	空港行きの<u>送迎</u>バス
☑ 3	<u>depart</u> from the station	駅から<u>出発する</u>
☑ 4	from <u>downtown</u>	<u>中心街</u>から
☑ 5	check the <u>fare</u>s	<u>運賃</u>を確認する
☑ 6	really <u>helpful</u>	本当に<u>役に立つ</u>
☑ 7	<u>suggest</u> reserving a seat	席の予約を<u>勧める</u>
☑ 8	very <u>limited</u>	とても<u>限られて</u>
☑ 9	get <u>crowded</u>	<u>混雑</u>する
☑ 10	your <u>advice</u>	あなたの<u>助言</u>

49

STEP 3 センテンスドリル 034

☐1 リスニング → ☐2 英▸日変換 → ☐3 日▸英変換

英語

☐ 1 Could you give me a ride?

☐ 2 There's a shuttle bus to the airport.

☐ 3 The shuttle bus departs from the station.

☐ 4 The bus came from downtown.

☐ 5 You can check the fares.

☐ 6 That's really helpful.

☐ 7 I suggest reserving a seat.

☐ 8 Seating is very limited.

☐ 9 The bus gets crowded quickly.

☐ 10 Thanks for the advice.

解説

車に乗せてもらえますか？

動詞形も同じ ride で、「乗る」という意味です。

空港行きの送迎バスがあります。

空港やホテルへの送迎バスは TOEIC によく登場します。

シャトルバスは駅から出発します。

depart の名詞形 departure（出発）は、空港でよく見かけますね。「到着」は arrival です。

そのバスは中心街から来ました。

downtown は「下町」ではないので注意してください。

運賃を確認できます。

fare は乗り物の料金。サービスなどの料金は charge、人への報酬や会費は fee を使います。

それはとても役に立ちます。

helpful は、useful（役立つ、有益な）と同じように使われます。

席の予約を勧めます。

suggest は Part 7 では「示唆する」という意味で使われることが多いです。

席はとても限られています。

TOEIC では席に限りがあることが多いので、早めの予約が必要です。

バスはすぐに混雑します。

be crowded は混雑している状態。get crowded は混雑状態になることを表します。

助言をありがとう。

advice の c を s に変えると、動詞 advise（忠告する）になり、発音は「アドバイズ」です。

 チャレンジドリル

音声を聞いて、次の質問に答えましょう。音声の英文と解答は次ページ。

Part 3 🔊 035

1. Where is the woman going tomorrow evening?
(A) To the office
(B) To the factory
(C) To the library
(D) To the airport

2. How can the woman get to know about the fares?
(A) By going to a Web site
(B) By watching a video
(C) By contacting the customer service department
(D) By sending an e-mail

3. What does the man suggest the woman do?
(A) Take a taxi
(B) Ask a different person
(C) Make a reservation
(D) Change to another flight

問題の英文

W: Kevin, if you have time tomorrow evening, could you give me a ride to the airport?

M: Unfortunately, I have to work late tomorrow. But there's a new shuttle bus to the airport. It departs from downtown. You can check the fares and schedules on the Web site.

W: Great! That's really helpful. I'll check it out this evening.

M: Oh, I also suggest reserving a seat. Seating is limited and the bus gets crowded very quickly.

W: I'll be sure to do so. Thanks for the advice.

問題の訳

女性：Kevin、もし明日の夕方時間あるなら、空港まで車に乗せてくれませんか？

男性：残念ながら、明日は残業しないといけないんです。でも、空港行きの新しい送迎バスがありますよ。中心街から出発しています。運賃と時刻表をウェブサイトで確認できますよ。

女性：いいですね！　それはとても役に立ちます。今日の夕方確認します。

男性：ああ、席の予約も勧めます。座席は限られていて、バスはすぐに混みますよ。

女性：必ずそうします。アドバイスをありがとうございます。

設問の訳

1. 女性は明日の夕方どこに行きますか。
(A) オフィス
(B) 工場
(C) 図書館
(D) 空港

2. 女性はどのようにして運賃について知ることができますか。
(A) ウェブサイトに行くことによって
(B) ビデオを見ることによって
(C) カスタマーサービス部に連絡することによって
(D) Eメールを送ることによって

3. 男性は女性に何をすることを提案していますか。
(A) タクシーを使う
(B) 違う人に尋ねる
(C) 予約をする
(D) 他の便に変える

語注

unfortunately 残念ながら　be sure to ～ 必ず～する　another 他の　flight（航空）便

正解

1. (D) **2.** (A) **3.** (C)

UNIT 8

会話
ケータリングのメニューを変える

STEP 1 語彙ドリル　　C　◀)) 036　◀)) 037

☑1 チャンツ → ☑2 英▸日変換 → ☑3 日▸英変換

 英語　　 品詞　日本語

	英語	品詞	日本語
☑ 1	reception	名	パーティー
☑ 2	agree	動	合意する
☑ 3	main dish		主菜
☑ 4	worried	形	心配して
☑ 5	switch	動	換える
☑ 6	proud	形	誇りに思う
☑ 7	supplier	名	納入業者
☑ 8	promote	動	宣伝する
☑ 9	revise	動	修正する
☑ 10	estimate	名	見積もり

STEP 2 フレーズドリル 🔊 038

☑1 リスニング → ☑2 英▶日変換 → ☑3 日▶英変換

英語	日本語

☑ 1　menu for the reception　　　パーティーのメニュー

☑ 2　agree on a menu　　　メニューについて合意する

☑ 3　change one of the main dishes　　　主菜の１つを変える

☑ 4　I'm worried.　　　私は心配している。

☑ 5　switch the meat dish to a salad　　　肉料理をサラダに換える

☑ 6　We are very proud of ~　　　私たちは～をとても誇りに思っている

☑ 7　from local suppliers　　　地元の納入業者から

☑ 8　promote local vegetables　　　地元の野菜を宣伝する

☑ 9　revise the menu　　　メニューを修正する

☑ 10　new estimate　　　新しい見積もり

☐ 1 I'm calling about the menu for the reception.

☐ 2 We agreed on a menu.

☐ 3 Could you change one of the main dishes?

☐ 4 I'm worried about some of my coworkers.

☐ 5 Can I switch the meat dish to a salad?

☐ 6 We are very proud of our vegetables.

☐ 7 Our restaurant purchases vegetables from local suppliers.

☐ 8 We do our best to promote local vegetables.

☐ 9 We'll revise the menu.

☐ 10 I'll send you a new estimate.

日本語	解説
<u>パーティー</u>のメニューについて電話しています。	receptionには「受付」の意味もあるので、文脈から判断しましょう。
私たちはメニューについて<u>合意し</u>ました。	反意語の「意見が合わない、反対する」は、disagreeです。dis（否定する）＋agree（合意する）。
<u>主菜</u>の1つを変更してもらえますか？	main（主な）の副詞形 mainly（主に）は「話し手は主に何について話していますか」という設問で登場します。
私は数名の同僚たちについて<u>心配</u><u>し</u>ています。	心配ネタはよく登場します。何を心配しているのかが問われることが多いので、聞き逃さないようにしましょう。
肉料理をサラダに<u>換えて</u>もらえますか？	TOEICの世界は、ベジタリアンのためにメニューを変更したり、食べ物を持ってきてくれたりするいい人たちばかりです。
私たちの野菜にとても<u>誇りを持っ</u><u>て</u>います。	proudは名詞 pride（プライド、誇り）の形容詞です。be proud of ～の形で覚えましょう。
私たちのレストランは地元の<u>納入</u><u>業者</u>から野菜を購入しています。	地元産の食べ物を売りにしているレストランや、地元出身の有名人などがよく登場します。
私たちは地元の野菜を<u>宣伝</u>するために頑張っています。	promoteは、「昇進させる」の意味でも登場します。
メニューを<u>修正</u>します。	re（もう一度）が単語の頭に付くと、re＋vise（見る）⇒「見直す」、re＋schedule（予定する）⇒「予定を変更する」となります。
新しい<u>見積もり</u>をあなたに送ります。	動詞 estimate（見積もる）は名詞と同形ですが、発音が異なります。名詞は「**エ**スティメット」、動詞は「エスティ**メイト**」。

57

STEP 4 チャレンジドリル

音声を聞いて、次の質問に答えましょう。音声の英文と解答は次ページ。

Part 3 🔊 040

1. What is the purpose of the call?
(A) To find some real estate
(B) To ask about a fare
(C) To change a menu
(D) To arrange a factory tour

2. What is the woman worried about?
(A) Some of her coworkers are vegetarians.
(B) Seating is limited.
(C) She has to make an appointment.
(D) Something is wrong with her projector.

3. What will the man e-mail?
(A) A photograph
(B) An estimate
(C) A floor plan
(D) A sales report

問題の英文

W: Hi, this is Amira from Mauna Corporation. I'm calling about the menu for the reception. We agreed on a menu yesterday, but could you change one of the main dishes?

M: No problem. What would you like to change?

W: I'm worried about some of my coworkers. They are vegetarians. So can I switch the meat dish to a salad?

M: Sure! We are very proud of purchasing vegetables from local suppliers and do our best to promote local vegetables to our guests. We'll revise the menu and e-mail you a new estimate.

問題の訳

女性：もしもし、こちらは Mauna Corporation の Amira です。パーティー用のメニューについてお電話しています。昨日メニューについて合意したのですが、主菜の1つを変更してもらえますか?

男性：問題ございません。何を変更なさいますか?

女性：数名の同僚について心配しています。彼らはベジタリアンです。ですので、お肉料理をサラダに換えてもらえますか?

男性：承知しました！　私たちは、地元の納入業者から野菜を購入しているのを誇りに思っており、お客さまに地元の野菜を宣伝するために頑張っています。メニューを修正して、新しい見積もりをメールいたします。

設問の訳

1. 電話の目的は何ですか。
(A) 不動産を見つけること
(B) 運賃を尋ねること
(C) メニューを変更すること
(D) 工場見学ツアーの手配をすること
2. 女性は何を心配していますか。
(A) 同僚の数名がベジタリアンである。
(B) 座席は限られている。

(C) 彼女は予約をしなければならない。
(D) 彼女のプロジェクターの何かが故障している。
3. 男性は何をメールで送りますか。
(A) 写真
(B) 見積もり
(C) 床の見取り図
(D) 営業報告書

語注

do one's best to ～ ～することを頑張る
photograph 写真　floor plan 床の見取り図

正解

1. (C)　**2.** (A)　**3.** (B)

UNIT 9 会話
中庭を改装する

1回目 / 2回目 / 3回目 /

STEP 1 語彙ドリル

C 🔊 041　🔊 042

☑1 チャンツ → ☑2 英▸日変換 → ☑3 日▸英変換

	英語	品詞	日本語
☑ 1	renovate	動	改装する
☑ 2	patio	名	中庭
☑ 3	cafeteria	名	社員食堂
☑ 4	construction	名	建設
☑ 5	decide	動	決める
☑ 6	discuss	動	話し合う
☑ 7	concerned	形	心配して
☑ 8	expensive	形	値段が高い
☑ 9	maintenance	名	維持管理
☑ 10	sample	形	見本の

60　単語暗記JOKE 「中庭」でパーティオ (patio) しましょう!

② フレーズドリル　🔊 043

☑1 リスニング　➡　☑2 英▶日変換　➡　☑3 日▶英変換

 英語　 日本語

	英語	日本語
☑ 1	renovate the patio	中庭を改装する
☑ 2	part of the patio	中庭の一部分
☑ 3	next to the cafeteria	社員食堂の隣
☑ 4	construction company	建設会社
☑ 5	decide on the material	材料について決める
☑ 6	discuss the topic	そのトピックについて話し合う
☑ 7	I'm concerned.	私は心配している。
☑ 8	less expensive	値段が高くない
☑ 9	need maintenance	維持管理が必要だ
☑ 10	bring some sample products	見本の製品をいくつか持ってくる

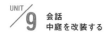

STEP **3** センテンスドリル   🔊 044

☑1 リスニング → ☑2 英▶日変換 → ☑3 日▶英変換

英語

☑ 1   We're planning to <u>renovate</u> the patio.

☑ 2   This is a part of the <u>patio</u>.

☑ 3   The patio is next to the <u>cafeteria</u>.

☑ 4   I'd like to hire your <u>construction</u> company.

☑ 5   Have you <u>decided</u> on the material?

☑ 6   I wanted to <u>discuss</u> the topic with you.

☑ 7   I'm <u>concerned</u> about the price.

☑ 8   Wood is less <u>expensive</u>.

☑ 9   Wood needs more <u>maintenance</u>.

☑ 10   Could you bring some <u>sample</u> products?

日本語	解説
中庭を改装する計画中です。	renovateは変化を表すので、TOEICでは解答のキーワードになりやすいです。
これが中庭の一部です。	patioはPart 1の問題にもよく登場します。
中庭は社員食堂の隣です。	cafeteriaとcafé（カフェ）は別物なのでご注意を。
あなたの建設会社を雇いたいです。	under constructionだと「建設中」になります。
材料は決めましたか？	materialは「教材」の意味でも使われます。語尾がalですが形容詞ではなく名詞です。
あなたとそのトピックについて話し合いたかったです。	discussは「〜について話し合う」という他動詞なので、すぐ後に名詞（目的語）がきます。aboutなど前置詞は不要。
値段について心配しています。	concernedはworriedと同じ意味です。何を心配しているのかが設問でよく問われるので、そこを聞き取りましょう。
木は値段が高くないです。	lessは他のものと比べて「より少ない」という意味です。値段がより少ない→安い。
木は維持管理がより必要です。	maintenanceは日本語では省略した「メンテ」が使われますが、英語では省略しても通じません。
見本の製品をいくつか持ってきてくれますか？	sampleは同形で名詞「見本」と動詞「試す」もあります。

63

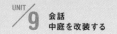

チャレンジドリル

音声を聞いて、次の質問に答えましょう。音声の英文と解答は次ページ。

Part 3  045

1. What is the man's company planning to do?
(A) Build a new factory
(B) Look for a local supplier
(C) Renovate a patio
(D) Hire more employees

2. What is the man concerned about?
(A) The price
(B) The design
(C) The maintenance
(D) The supplier

3. What does the man ask the woman to do?
(A) Bring some sample materials
(B) Place an order
(C) Give him a ride to his office
(D) Revise an estimate

問題の英文

M: Hi, Donna. We are planning to renovate part of the patio next to the company cafeteria. I'd like to hire your construction company to build it.
W: Wonderful! Have you decided on the material?
M: I wanted to discuss that with you. I'm a little concerned about the price. What do you suggest?
W: Wood is less expensive but it needs more maintenance.
M: Could you bring some sample materials and estimates?
W: Sure. My assistant will bring them later in the afternoon.

問題の訳

男性：こんにちは、Donna。今会社の社員食堂の隣にある中庭の一部を改装する計画中です。それを建てるためにあなたの建築会社を雇いたいのですが。
女性：素晴らしいですね！ 材料はもう決めましたか？
男性：それをあなたと話し合いたかったのです。値段について少し心配しています。何を勧めますか？
女性：木材は高くないですが、維持管理がより必要です。
男性：いくつか見本の材料と見積書を持ってきてくれますか？
女性：承知しました。私のアシスタントが午後遅くにそれらを持っていきます。

設問の訳

1. 男性の会社は何を計画中ですか。
(A) 新しい工場を建設する
(B) 地元の納入業者を探す
(C) 中庭を改装する
(D) もっと従業員を雇う
2. 男性は何を心配していますか。
(A) 値段
(B) デザイン
(C) 維持管理
(D) 納入業者
3. 男性は何をするよう女性に頼んでいますか。
(A) いくつか見本の材料を持ってくる
(B) 注文をする
(C) 彼のオフィスまで車で送る
(D) 見積書を修正する

正解

1. (C) **2.** (A) **3.** (A)

UNIT 10 会話
電車の切符を変更する

STEP 1 語彙ドリル　C ◀)) 046 ◀)) 047

☑1 チャンツ → ☑2 英▶日変換 → ☑3 日▶英変換

	英語	品詞	日本語
☑1	departure	名	出発
☑2	charge	動	(支払いを) 請求する
☑3	though	副	～だけれども
☑4	pay	動	支払う
☑5	accept	動	受け付ける
☑6	information	名	情報
☑7	recommend	動	勧める
☑8	application	名	アプリ
☑9	convenient	形	便利な
☑10	brochure	名	カタログ

STEP 2　フレーズドリル　🔊 048

☑1 リスニング　➡　☑2 英▶日変換　➡　☑3 日▶英変換

英語	日本語
☑ 1　later departure	後の出発
☑ 2　charge $20	20 ドル請求する
☑ 3　I'm not sure, though.	わからないけれども。
☑ 4　pay by credit card	クレジットカードで支払う
☑ 5　accept Visa	Visa を受け付ける
☑ 6　updated information	最新の情報
☑ 7　recommend using a mobile	携帯電話の使用を勧める
☑ 8　mobile application	携帯電話のアプリ
☑ 9　convenient way	便利な方法
☑ 10　from the URL on this brochure	このカタログに載っている URL から

STEP 3 センテンスドリル 049

☐1 リスニング → ☐2 英▸日変換 → ☐3 日▸英変換

英語

☐ 1 I'd like to change it to a later departure time.

☐ 2 We charge $20.

☐ 3 I'm not quite sure, though.

☐ 4 I'd like to pay by credit card.

☐ 5 Do you accept Visa?

☐ 6 Can I get the updated information?

☐ 7 I recommend using a mobile phone.

☐ 8 You can use a mobile application.

☐ 9 It is the most convenient way.

☐ 10 You can download the application from the URL on this brochure.

UNIT 10 会話　電車の切符を変更する

日本語

解説

それを後の出発時間に変えたいのです。

departureの動詞形は既出のdepart（出発する）です。laterは形容詞（後の）も副詞（後で）も同じ形です。

20ドル請求します。

chargeは名詞（請求、担当）も頻出です。「担当」の意味では、in charge of 〜（〜の担当で）を覚えましょう。

よくわからないけれども。

thoughは接続詞「〜にもかかわらず、たとえ〜でも」としても使われ、文と文をつなぐ役目をします。

クレジットカードで支払いたいです。

TOEICでは、支払い方法はほとんどクレジットカードですが、check（小切手）で支払われることもあります。

Visaを受け付けますか？

accept an offer（申し出を受け入れる）、accept an invitation（招待に応じる）なども頻出のフレーズです。

最新の情報を得ることができますか？

情報が2つ以上あってもinformationsと複数形にはならないので気を付けましょう。

携帯電話の使用をお勧めします。

recommend の後に動詞がくるときは動名詞（ing形）になります。

あなたは携帯電話のアプリを使えます。

applicationは「アプリ」の他に「応募」という意味もあります。job application（職の応募）。

それが一番便利なやり方です。

反意語は inconvenient（不便な）。Sorry for the inconvenience.（ご不便をおかけして申し訳ありません）の名詞も頻出。

このカタログに載っているURLからアプリをダウンロードできます。

catalogue（カタログ）、pamphlet（パンフレット）と同様の意味です。URLはウェブサイトのアドレス。

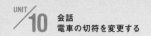

チャレンジドリル

音声を聞いて、次の質問に答えましょう。音声の英文と解答は次ページ。

Part 3 🔊 050

1. Where does the woman most likely work?
(A) At a train station
(B) At a bank
(C) At a department store
(D) At a movie theater

2. How does the man want to pay for the ticket?
(A) By debit card
(B) By cash
(C) By check
(D) By credit card

3. What does the woman recommend the man do?
(A) Visit a gift shop
(B) Use a mobile application
(C) Ask employees at the station
(D) Take an earlier train

問題の英文

M: Hi. I have a ticket but can I change it to a later departure time?

W: There's a 7:00 train this evening. We charge $20 to change tickets, though.

M: Yes, that sounds good. I'd like to pay by credit card. Do you accept Visa?

W: Of course.

M: How can I get the most updated information about the trains?

W: I recommend using our mobile application. It is the most convenient way. You can download the application from the URL on this brochure.

問題の訳

男性：こんにちは。私は切符を持っていますが、もっと遅い出発の時間に変えることはできますか？

女性：今晩7時の列車があります。切符の変更に20ドルかかりますが。

男性：はい、いいですね。クレジットカードで支払いたいです。Visaは使えますか？

女性：もちろんです。

男性：列車の最新情報はどのように得ることができますか？

女性：弊社の携帯電話アプリの使用をお勧めします。それが最も便利な方法です。このカタログに載っているURLからアプリをダウンロードできます。

設問の訳

1. 女性はどこで働いていると考えられますか。

(A) 駅

(B) 銀行

(C) デパート

(D) 映画館

2. 男性はどのような方法でチケットを買いたいですか。

(A) デビットカードで

(B) 現金で

(C) 小切手で

(D) クレジットカードで

3. 女性は男性に何をすることを勧めますか。

(A) 土産店を訪ねる

(B) 携帯電話のアプリを使う

(C) 駅で従業員に聞く

(D) もっと早い時間の列車に乗る

語注

bank 銀行　debit card デビットカード　check 小切手　visit 訪ねる　earlier もっと早い（時間の）

正解

1. (A)　**2.** (D)　**3.** (B)

UNIT 11 アナウンス 美術館のガイドツアー

STEP 1 語彙ドリル　　C ◀》051　◀》052

☑1 チャンツ → ☑2 英▶日変換 → ☑3 日▶英変換

英語	品詞	日本語
☑ 1　attention	名	注目
☑ 2　museum	名	美術館
☑ 3　introduce	動	紹介する
☑ 4　exhibit	動	展示する
☑ 5　note	動	注意する
☑ 6　display	名	展示 (物)
☑ 7　end	動	終わる
☑ 8　highly	副	強く
☑ 9　stop by ~		～に立ち寄る
☑ 10　entrance	名	入口

　単語暗記JOKE　No! と (note) 言って「注意する」。

STEP 2 フレーズドリル 🔊 053

☑1 リスニング → ☑2 英▶日変換 → ☑3 日▶英変換

 英語　　　　　　　　　　 日本語

	英語	日本語
☑ 1	have your attention	注目をもらう
☑ 2	go to the museum	美術館に行く
☑ 3	introduce myself	自己紹介する
☑ 4	exhibit special artwork	特別な芸術作品を展示する
☑ 5	Please note that ~	～に注意してください
☑ 6	of the displays	展示物の
☑ 7	the tour ends	ツアーが終わる
☑ 8	It is highly recommended that ~	～を強く勧める
☑ 9	stop by the gift shop	ギフトショップに立ち寄る
☑ 10	near the main entrance	正面入口の近くに

3 センテンスドリル　　　(🔊) 054

☑1 リスニング → ☑2 英▶日変換 → ☑3 日▶英変換

英語

☑ 1　May I have your attention?

☑ 2　Welcome to the museum.

☑ 3　Let me introduce myself.

☑ 4　The museum is currently exhibiting special artwork.

☑ 5　Please note that you may not take photos.

☑ 6　Look at the photos of the displays.

☑ 7　After the tour ends,

☑ 8　It is highly recommended that you renovate the patio.

☑ 9　Please stop by the gift shop.

☑ 10　The shop is near the main entrance.

日本語	解説
皆さん、ご注目いただけますか？	Attention, passengers. (乗客の皆さまにお知らせします) は、飛行機内アナウンスなどで使われます。
美術館へようこそ。	TOEICの世界では、図書館、展示会、市内巡りツアーなどがよく催されます。
自己紹介させてください。	introduceは「導入する」という意味もあります。曲のイントロは名詞形のintroduction (導入) が由来です。
美術館は現在、特別芸術作品を展示しています。	exhibit は名詞で「展示会」の意味もあります。exhibitionも同じ「展示会」という意味です。
写真を撮らないようにご注意ください。	ツアーの前にはよく、写真撮影禁止、飲食物持ち込み禁止、などの注意があります。
展示物の写真を見てください。	displayは動詞で「展示する」の意味でもよく使われます。
ツアーが終わった後に、	endは、finish (終わる) に言い換えられます。
中庭を改装することを強くお勧めします。	形容詞 high + ly ＝副詞。highlyは後ろの形容詞の「程度や評価が高い」と強調するときに使います。
ギフトショップに立ち寄ってください。	ツアーの終わりにランチを取ることも多いです。
その店は正面入口の近くにあります。	動詞 enter (入る) の名詞形。建物の入口で冊子や記念のバッグ、バッジなど何かもらえることがあります。

チャレンジドリル

音声を聞いて、次の質問（音声あり）に答えましょう。音声の英文と解答は次ページ。

Part 4 🔊 055

1. Where is the announcement taking place?
(A) In a museum
(B) In an office
(C) In a shopping mall
(D) In a park

2. Who most likely is the speaker?
(A) A sales manager
(B) A tour guide
(C) A valued customer
(D) A factory employee

3. What does the speaker recommend the listeners do?
(A) Go to the movie theater
(B) Purchase local food
(C) Stop by a gift shop
(D) Rent a car

問題の英文

Questions 1 through 3 refer to the following announcement.
May I have your attention, please? Welcome to Whitelle Museum. Let me introduce myself. My name is Peter. I'm your guide today. The museum is currently exhibiting special artwork from France. Please note that you may not take photos of the displays. After the tour ends, it is highly recommended that you stop by the gift shop. It's near the main entrance. The museum tour will start in 5 minutes.

問題の訳

問題1-3 は次のアナウンスに関するものです。
皆さん、ご注目いただけますか? Whitelle美術館にようこそ。自己紹介させてください。私の名前はPeterです。本日の皆さんのガイドです。美術館は現在、フランスからの特別芸術作品を展示しています。展示物の写真を撮らないようご注意ください。ツアーが終了後、皆さんにギフトショップに立ち寄られることを強くお勧めします。それは正面入口の近くにあります。美術館ツアーは5分後に始まります。

設問の訳

1. このアナウンスはどこで行われていますか。
(A) 美術館
(B) オフィス
(C) ショッピングモール
(D) 公園
2. 話し手は誰だと考えられますか。
(A) 営業部長
(B) ツアーガイド
(C) 大切な顧客
(D) 工場の従業員
3. 話し手は聞き手に何をすることを勧めていますか。
(A) 映画館に行く
(B) 地元の食べ物を購入する
(C) ギフトショップに立ち寄る
(D) 車を借りる

語注

take place 行われる valued customer 大切な顧客、お得意さま speaker 話し手 listener 聞き手

正解

1. (A) **2.** (B) **3.** (C)

UNIT 12 アナウンス 飛行機が遅れる

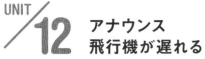

STEP 1 語彙ドリル   C | ◀) 056   ◀) 057

☑1 チャンツ → ☑2 英▶日変換 → ☑3 日▶英変換

	英語	品詞	日本語
☑ 1	passenger	名	乗客
☑ 2	bad weather		悪天候
☑ 3	delayed	形	遅れて
☑ 4	international	形	国際の
☑ 5	behind schedule		予定より遅れて
☑ 6	apologize	動	詫びる
☑ 7	according to ~		～によると
☑ 8	attendant	名	乗務員
☑ 9	serve	動	提供する
☑ 10	refreshments	名	軽食

単語暗記JOKE サーブ (serve) いときは、暖かい飲み物を「**提供します**」。

フレーズドリル　🔊 058

☑1 リスニング ➡ ☑2 英▸日変換 ➡ ☑3 日▸英変換

 英語　　　　　　　　　　　 日本語

☑ 1	all passengers	乗客の皆さま
☑ 2	due to the bad weather	悪天候のために
☑ 3	We will be delayed.	私たちは遅れるだろう。
☑ 4	international airport	国際空港
☑ 5	about one hour behind schedule	約1時間予定より遅れて
☑ 6	apologize for the inconvenience	不便を詫びる
☑ 7	according to the weather forecast	天気予報によると
☑ 8	flight attendant	客室乗務員
☑ 9	serve you some drinks	あなた方に飲み物を提供する
☑ 10	Refreshments will be served.	軽食が出されます。

79

STEP 3 センテンスドリル 059

☐1 リスニング → ☐2 英▸日変換 → ☐3 日▸英変換

英語

☐ 1 Attention, all passengers.

☐ 2 Due to the bad weather, my flight was canceled.

☐ 3 Our arrival time will be delayed.

☐ 4 This is Calgary International Airport.

☐ 5 We are about one hour behind schedule.

☐ 6 We apologize for the inconvenience.

☐ 7 According to the weather forecast, it will rain tomorrow.

☐ 8 They are our flight attendants.

☐ 9 We will serve you some drinks.

☐ 10 Refreshments will be served soon.

日本語

解説

乗客の皆さまにお知らせします。

Attentionの後ろが passengersなら機内や車内、shoppersだったら店内放送です。場面をイメージしましょう。

悪天候のため、私の便はキャンセルになりました。

他に機械のトラブルなども頻発します。

到着時間が遅れるでしょう。

電車やバスもよく遅れます。

これが Calgary 国際空港です。

interを取ると national（国内の）の意味になります。

約1時間予定より遅れています。

自分が、予定の後ろ（behind）にいるイメージです。

ご不便をおかけしお詫びします。

apologizeは sorryよりも丁寧なお詫びの単語です。後に forがきて、お詫びの理由が告げられます。

天気予報によると、明日は雨になるでしょう。

according to ~は設問にもよく登場します。according to the speaker（話し手によると）など。

彼らは当社の客室乗務員です。

客室乗務員は、CA（cabin attendant）とも呼ばれます。

私たちはあなた方に飲み物を出します。

serveは Part 1の写真問題にもよく出る単語です。He is serving coffee.（彼はコーヒーを出しています）など。

軽食がすぐに出されるでしょう。

snacks + drinks = refreshments（軽食）。通常複数形。疲れた体や頭をリフレッシュさせるものということです。

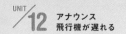

STEP 4 チャレンジドリル

音声を聞いて、次の質問に答えましょう。音声の英文と解答は次ページ。

Part 4 🔊 060

1. Where does the announcement take place?
   (A) On an airplane
   (B) At a reception
   (C) In a cafeteria
   (D) In a parking lot

2. What is the problem?
   (A) A projector is broken.
   (B) The arrival time will be delayed.
   (C) A wrong order was delivered.
   (D) A suitcase is out of stock.

3. What will the flight attendants do next?
   (A) Make an announcement
   (B) Check the luggage
   (C) Prepare for landing
   (D) Serve some refreshments

問題の英文

Questions 1 through 3 refer to the following announcement.

Attention, all passengers. Welcome aboard. I'm Captain Brayden and I'll be your pilot today. Due to the bad weather, our arrival will be delayed. The new arrival time at Calgary International Airport will be 7 P.M. local time. We are about one hour behind schedule. We apologize for the inconvenience. Unfortunately, according to the weather forecast, the weather in Calgary will be rainy. Our flight attendants will now serve you some refreshments. Please enjoy your flight. Thank you.

問題の訳

問題1-3 は次のアナウンスに関するものです。

乗客の皆さまにご案内いたします。ご搭乗ありがとうございます。私は機長のBraydenで、本日の皆さまのパイロットです。悪天候により、到着時間が遅れるでしょう。Calgary国際空港への新しい到着時間は現地時間の午後7時です。私たちは、約1時間予定より遅れています。ご不便をおかけしお詫びします。残念なことに、天気予報によりますと、Calgaryの天気は雨でしょう。今から、客室乗務員が軽食を出します。フライトをお楽しみください。ありがとうございます。

設問の訳

1. このアナウンスはどこで行われていますか。
(A) 飛行機
(B) パーティー
(C) 社員食堂
(D) 駐車場
2. 何が問題ですか。
(A) プロジェクターが故障している。

(B) 到着時間が遅れる。
(C) 間違った注文が配達された。
(D) スーツケースが在庫切れしている。
3. 客室乗務員は次に何をしますか。
(A) アナウンスをする
(B) 荷物をチェックする
(C) 着陸の準備をする
(D) 軽食を出す

語注

parking lot 駐車場　deliver 配達する
luggage 荷物　prepare for landing
着陸の準備をする

正解

1. (A)　**2.** (B)　**3.** (D)

UNIT 13 放送 交通ニュース

英語	品詞	日本語
☑ 1 broadcast	名	放送
☑ 2 traffic	形	交通の
☑ 3 closed	形	閉鎖されて
☑ 4 repair	名	修理
☑ 5 continue	動	続く
☑ 6 avoid	動	避ける
☑ 7 instead	副	代わりに
☑ 8 president	名	社長
☑ 9 shipping	名	配送
☑ 10 develop	動	開発する

STEP 2 フレーズドリル　🔊 063

☑1 リスニング　➡　☑2 英▶日変換　➡　☑3 日▶英変換

 英語　　　　　　　　 日本語

	英語	日本語
☑ 1	refer to the following broadcast	次の放送に関して
☑ 2	traffic update report	最新交通情報
☑ 3	partly closed	一部閉鎖されて
☑ 4	due to road repairs	道路の修復のため
☑ 5	continue until next Tuesday	来週の火曜日まで続く
☑ 6	avoid the heavy traffic	交通渋滞を避ける
☑ 7	use Route 2 instead	2号線を代わりに使う
☑ 8	the president of Texco Company	Texco Company の社長
☑ 9	leading shipping company	大手配送会社
☑ 10	develop a new delivery system	新しい配達システムを開発する

85

STEP 3　センテンスドリル　🔊 064

☑1 リスニング　→　☑2 英▶日変換　→　☑3 日▶英変換

 英語

☑ 1　These questions refer to the following <u>broadcast</u>.

☑ 2　Here's the eight o'clock <u>traffic</u> update report.

☑ 3　Highway 11 is partly <u>closed</u>.

☑ 4　The heavy traffic happened due to road <u>repair</u>s.

☑ 5　Work is scheduled to <u>continue</u> until next Tuesday.

☑ 6　You have to <u>avoid</u> the heavy traffic.

☑ 7　Drivers should use Route 2 <u>instead</u>.

☑ 8　Today's interview is with the <u>president</u> of Texco Company.

☑ 9　His company is a leading <u>shipping</u> company.

☑ 10　They have <u>develop</u>ed a new delivery system.

日本語	解説
これらの質問は次の放送に関するものです。	トーク開始前にこのような文が流れます。最後の部分で、トークの種類（伝言、宣伝、会議など）がわかります。
8 時の最新交通情報です。	TOEICでは、道路閉鎖や交通渋滞がよく発生します。
Highway11 は一部閉鎖されています。	動詞 close（閉鎖する）に ed が付いて形容詞の役割をします。
交通渋滞は道路修復のために起こりました。	repairは名詞も動詞（修復する）も同じ形です。TOEICではエアコンや車がよく壊れるので頻出単語です。
工事は来週の火曜日まで続く予定です。	continueと until（～まで）はよくセットで使われます。be scheduled to ~ は「～することが予定されている」。
交通渋滞を避けなければいけません。	avoidの後ろに動詞がくる場合は動名詞（ing形）になります。
ドライバーは 2 号線を代わりに使ったほうがいいです。	insteadは文末でも使えますが、後ろにofを付けて、instead of Route 2（2号線の代わりに）のようにも使えます。
今日のインタビューのお相手は Texco Company の社長です。	presidentはインタビューだけでなく、社内スピーチにもよく登場します。
彼の会社は大手の配送会社です。	動詞の ship（配送する、発送する）も頻出です。昔は船（ship）が主要な配送手段だったので、その名残です。
彼らは新しい配達システムを開発しました。	developは「進展させる」という意味でも頻出です。develop a new plan（新しい計画を進展させる）。

87

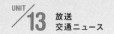
STEP 4 チャレンジドリル

音声を聞いて、次の質問に答えましょう。音声の英文と解答は次ページ。

Part 4 🔊 065

1. What is the broadcast mainly about?
   (A) A business report
   (B) Entertainment news
   (C) A traffic update
   (D) Sports news

2. Why is Highway 11 partly closed?
   (A) Due to an accident
   (B) Due to road repairs
   (C) Due to bad weather
   (D) Due to a festival

3. Who is Todd Simon?
   (A) A company president
   (B) A passenger
   (C) A supplier
   (D) A local resident

問題の英文

Questions 1 through 3 refer to the following broadcast.
Good morning. This is BGO Radio. Here's the eight o'clock traffic update report. Drivers should expect delays because Highway 11 is partly closed due to road repairs. Work is scheduled to continue until next Tuesday. To avoid the heavy traffic, I recommend that drivers use Route 2 instead. Next is today's interview with Todd Simon. He is the president of Texco, the leading shipping company. Recently, his company has developed a new delivery system. Welcome to the show, Mr. Simon.

問題の訳

問題1-3 は次の放送に関するものです。
おはようございます。こちらは BGO ラジオ放送です。8時の最新交通情報です。道路修復のために Highway11 は一部閉鎖されているので、ドライバーは遅延を予測したほうがいいでしょう。工事は来週の火曜日まで続く予定です。交通渋滞を避けるため、ドライバーは2号線を代わりに使うことをお勧めします。次は Todd Simon さんへの今日のインタビューです。彼は大手配送会社 Texco の社長です。最近、彼の会社は新しい配送システムを開発しました。Simon さん、番組へようこそ。

設問の訳

1. 放送は主に何についてですか。
(A) ビジネスニュース
(B) 芸能ニュース
(C) 最新交通情報
(D) スポーツニュース
2. なぜ Highway11 は一部閉鎖されていますか。
(A) 事故のため
(B) 道路修復のため
(C) 悪天候のため
(D) 祭りのため
3. Todd Simon は誰ですか。
(A) 会社の社長
(B) 乗客
(C) 納入業者
(D) 地元の住人

語注

entertainment 芸能　accident 事故　festival 祭り

正解

1. (C)　**2.** (B)　**3.** (A)

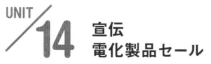

UNIT 14 宣伝
電化製品セール

☑1 チャンツ → ☑2 英▶日変換 → ☑3 日▶英変換

	英語	品詞	日本語
☑ 1	favorite	形	お気に入りの
☑ 2	appliance	名	電化製品
☑ 3	wide	形	幅広い
☑ 4	device	名	機器
☑ 5	delivery	名	配達
☑ 6	last	動	続く
☑ 7	regular	形	通常の
☑ 8	opportunity	名	機会
☑ 9	detail	名	詳細
☑ 10	advertise	動	宣伝する

単語暗記JOKE この川「幅広く」て、こワイド (wide) 。

STEP 2 フレーズドリル　 🔊 068

☑1 リスニング → ☑2 英▶日変換 → ☑3 日▶英変換

 英語　　　　　　　　　　　 日本語

	英語	日本語
☑ 1	buy your favorite items	お気に入りの品物を買う
☑ 2	appliance shop	電化製品店
☑ 3	a wide range of ~	幅広い範囲の～
☑ 4	electronic devices	電子機器
☑ 5	free delivery	無料配達
☑ 6	last for only one week	1週間だけ続く
☑ 7	regular business hours	通常の営業時間
☑ 8	miss this opportunity	この機会を逃す
☑ 9	for more details	詳細については
☑ 10	What is advertised?	何が宣伝されますか？

STEP 3 センテンスドリル 069

☑1 リスニング → ☑2 英▶日変換 → ☑3 日▶英変換

英語

☑ 1 Don't you want to buy your favorite items?

☑ 2 Come visit our appliance shop.

☑ 3 We have a wide range of items.

☑ 4 They are electronic devices.

☑ 5 We offer free delivery.

☑ 6 This sale lasts for only one week.

☑ 7 Regular business hours have been extended.

☑ 8 Don't miss this opportunity.

☑ 9 For more details, visit our Web site.

☑ 10 What is being advertised?

日本語	解説
<u>お気に入りの</u>品物を買いたくないですか?	Don't you want to ~?（～したくないですか?）は、人に提案するときの決まり文句です。
当社の<u>電化製品</u>店にお越しください。	come visit は come and visit のandが省略された表現です。他にgo visit、come see などがあります。
<u>幅広い</u>範囲の品物があります。	a wide variety of ~（幅広い種類の〜）も頻出です。
それらは電子<u>機器</u>です。	デジカメ、携帯電話、パソコンなど比較的小さめの電気製品を指します。
無料<u>配達</u>を提供します。	動詞の deliver（配達する）は、deliver a speech（スピーチをする）という用法もあります。スピーチを届けるイメージですね。
このセールは1週間だけ<u>続き</u>ます。	形容詞の last（最後の）と混同しないように注意。last が主語のすぐ後にくれば動詞です。
<u>通常の</u>営業時間が延長されています。	TOEICでは営業時間の延長は頻出です。この変更が設問で問われることが多いので注意しましょう。
この<u>機会</u>を逃さないでください。	miss は「（電車などを）逃す」⇒「乗り遅れる」の意味でも使います。I missed the last train.（最終電車に乗り遅れました）。
<u>詳細</u>は当社のウェブサイトにお越しください。	in detail で「詳細に」。detailed で形容詞としても使われます。a detailed plan（詳細な計画）。
何が<u>宣伝</u>されていますか?	What is advertised?（受動態、～される）と、being（進行形、～している）が合体して、「何が宣伝されているか?」の意。

93

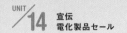

チャレンジドリル

音声を聞いて、次の質問に答えましょう。音声の英文と解答は次ページ。

Part 4　🔊 070

1. What is being advertised?
  (A) Appliances
  (B) Used cars
  (C) Food products
  (D) Clothes

2. What does the speaker offer for purchases over $200?
  (A) A 20% discount
  (B) Free delivery
  (C) A parking ticket
  (D) A shopping bag

3. How long will this sale last?
  (A) One week
  (B) Two weeks
  (C) Three weeks
  (D) One month

問題の英文

Questions 1 through 3 refer to the following advertisement.

Don't you want to buy your favorite items all at reasonable prices? Come visit Xavier Appliances. We're having a one week sale. It starts from tomorrow. You can find televisions, digital cameras and a wide range of other electronic devices. We offer free delivery for any purchase over $200. This sale lasts for only one week. And remember, regular business hours have been extended until 10 P.M.! Don't miss this opportunity! For more details, visit our Web site.

問題の訳

問題1-3 は次の広告に関するものです。

お気に入りの品物を全て手ごろな価格で買いたくないですか？ Xavier電化製品店にお越しください。1週間のセールを行います。明日から始まります。テレビ、デジカメ、そして他にも幅広い範囲の電子機器があります。200 ドル以上ご購入の方には無料配達を提供します。このセールは1週間だけ続きます。そして覚えておいてください！　通常の営業時間が午後10時まで延長されています。この機会を逃さないでください！　さらに詳しくは、当店のウェブサイトをご覧ください。

設問の訳

1. 何が宣伝されていますか。
(A) 電化製品
(B) 中古車
(C) 食品
(D) 洋服
2. 話し手は200ドル以上の購入には何を提供しますか。
(A) 20%の値引き
(B) 無料配達
(C) 駐車券
(D) 買い物袋
3. このセールはどのくらい続きますか。
(A) 1週間
(B) 2週間
(C) 3週間
(D) 1カ月

語注

used car　中古車　purchase　購入
discount　値引き

正解

1. (A)　**2.** (B)　**3.** (A)

15 宣伝
ビジネススクール

STEP 1 語彙ドリル   C 🔊 071 🔊 072

☑1 チャンツ → ☑2 英▶日変換 → ☑3 日▶英変換

	英語	品詞	日本語
☑ 1	degree	名	学位
☑ 2	support	動	支援する
☑ 3	own	形	自身の
☑ 4	variety	名	種類
☑ 5	select	動	選ぶ
☑ 6	suit	動	合う
☑ 7	Why not ~?		～しませんか？
☑ 8	professor	名	教授
☑ 9	various	形	さまざまな
☑ 10	further	形	さらなる

② フレーズドリル （◀)) 073）

☑1 リスニング → ☑2 英▶日変換 → ☑3 日▶英変換

 英語　　　　　　　　　　　 日本語

☑ 1	degree in business	ビジネスの学位
☑ 2	support your goals	あなたの目標を支援する
☑ 3	have your own company	あなた自身の会社を持つ
☑ 4	a wide variety of ~	幅広い種類の~
☑ 5	select a course	コースを選ぶ
☑ 6	suit your schedule	あなたのスケジュールに合う
☑ 7	Why not come?	来ませんか？
☑ 8	meet our professors	われわれの教授に会う
☑ 9	various business fields	さまざまなビジネス分野
☑ 10	further information	さらなる情報

STEP 3 センテンスドリル 074

☑1 リスニング → ☑2 英▸日変換 → ☑3 日▸英変換

英語

☑ 1 Don't you want to get a degree in business?

☑ 2 We can support your goals.

☑ 3 Having your own company isn't just a dream.

☑ 4 The college offers a wide variety of courses.

☑ 5 You can select a course.

☑ 6 The course suits your schedule.

☑ 7 Why not come and meet us?

☑ 8 Meet our professors and experts.

☑ 9 They are from various business fields.

☑ 10 Go to our Web site for further information.

日本語	解説
ビジネスの<u>学位</u>を取りたくありませんか?	求人広告では、学位が求められることがあります。
私たちはあなたの目標を<u>支援する</u>ことができます。	supportは名詞(支援)も同じ形です。supporter(支援者)はサッカーなどでおなじみですね。
あなた<u>自身</u>の会社を持つことはただの夢ではありません。	〈代名詞所有格(〜の) + own+名詞〉の形で覚えましょう。my own car(自分自身の車)など。動詞(所有する)も同じ形です。
当カレッジは、幅広い<u>種類</u>のコースを提供しています。	バラエティー番組はこの varietyからきています。幅広い種類の話題を提供しているからですね。
コースを<u>選ぶ</u>ことができます。	selectは既出の choose(選ぶ)と同様の意味です。
そのコースはあなたのスケジュールに<u>合い</u>ます。	suitはスケジュールやニーズに合うという意味で使われます。
私たちに会いに<u>来ませんか?</u>	Why not ~?は、Why don't you ~?と同様、相手に何か勧めたり、提案したりするときに使われる定型表現です。
われわれの<u>教授</u>や専門家たちに会ってください。	professorも professionalも pro(前に) ſes(話す)専門家です。
彼らは<u>さまざまな</u>ビジネス分野出身です。	variousは名詞 variety(種類)の形容詞形です。
<u>さらなる</u>情報は私たちのウェブサイトに行ってください。	TOEICではウェブサイトに行く理由がよく問われます。

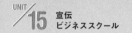
 チャレンジドリル

音声を聞いて、次の質問に答えましょう。音声の英文と解答は次ページ。

Part 4 ◀》075

1. What does the college offer?
(A) Business courses
(B) Language training
(C) Computer programming courses
(D) Music lessons

2. Who can the listeners meet at the campus?
(A) A tour guide
(B) Some professors
(C) Some sales representatives
(D) A popular singer

3. Why are the listeners recommended to go to a Web site?
(A) To ask for a delivery
(B) To request an estimate
(C) To place an order
(D) To get further information

問題の英文

Questions 1 through 3 refer to the following advertisement.

Don't you want to get a degree in business? At Amalie Business College, we can support your goals. Having your own company isn't just a dream. The college offers a wide variety of on-site and online courses. So, select a course that suits your schedule. The college will be holding an open campus next week. Why not come and meet our professors and experts in various business fields? Visit our Web site for further information.

問題の訳

問題1-3 は次の広告に関するものです。

ビジネスの学位を取りたくありませんか？　Amalieビジネスカレッジでは、あなたの目標を支援することができます。あなた自身の会社を持つことはただの夢ではありません。当カレッジは、幅広い種類の、現地もしくはオンラインのコースを提供しています。ですから、あなたのスケジュールに合ったコースを選んでください。カレッジは来週オープンキャンパスを実施します。わが校のさまざまなビジネス分野の教授や専門家たちに会いに来ませんか？　さらなる情報は私たちのウェブサイトに行ってください。

設問の訳

1. カレッジは何を提供しますか。
(A) ビジネスのコース
(B) 語学研修
(C) コンピュータプログラミングのコース
(D) 音楽の授業
2. 聞き手はキャンパスで誰に会うことができますか。
(A) ツアーガイド
(B) 教授
(C) 営業担当者
(D) 人気歌手
3. 聞き手はなぜウェブサイトに行くことを勧められているのですか。
(A) 配達を頼むため
(B) 見積もりを依頼するため
(C) 注文をするため
(D) さらなる情報を得るため

語注

on-site 現地で（の）　language 言語
sales representative 営業担当者

正解

1. (A)　**2.** (B)　**3.** (D)

UNIT 16

伝言メッセージ
インテリアを変える

STEP 1 語彙ドリル
C | 🔊 076 🔊 077

☑1 チャンツ → ☑2 英▶日変換 → ☑3 日▶英変換

	英語	品詞	日本語
☑ 1	run	動	経営する
☑ 2	colleague	名	同僚
☑ 3	design	名	デザイン
☑ 4	move	動	移転する
☑ 5	create	動	作る
☑ 6	comfortable	形	心地よい
☑ 7	enter	動	入る
☑ 8	furniture	名	家具
☑ 9	professional	形	プロの
☑ 10	located	形	位置して

単語暗記JOKE　会社を「経営する」方法なんて知ラン (run)。

STEP 2 フレーズドリル　　🔊 078

☑1 リスニング　➡　☑2 英▶日変換　➡　☑3 日▶英変換

 英語　　　　　　　　　　 日本語

	英語	日本語
☑ 1	run a small business	小さな会社を経営する
☑ 2	one of my colleagues	私の同僚たちの1人
☑ 3	interior design service	内装デザインサービス
☑ 4	move next month	来月移転する
☑ 5	create a new password	新しいパスワードを作る
☑ 6	comfortable space	心地よい空間
☑ 7	enter the office	オフィスに入る
☑ 8	buy some new furniture	新しい家具をいくつか買う
☑ 9	professional advice	プロのアドバイス
☑ 10	located downtown	中心街に位置して

☑1 リスニング → ☑2 英▶日変換 → ☑3 日▶英変換

☑ 1   I run a small real estate business.

☑ 2   One of my colleagues introduced you to me.

☑ 3   She likes your interior design service.

☑ 4   My office will move next month.

☑ 5   I created a new password.

☑ 6   We like this comfortable space.

☑ 7   I entered the office.

☑ 8   I'm planning to buy some new furniture.

☑ 9   I'd really like some professional advice.

☑ 10   My office is located downtown.

日本語	解説
私は小さな不動産会社を<u>経営して</u><u>い</u>ます。	run Aで「Aを経営する」という意味です。business には「会社」の意味もあります。
私の<u>同僚</u>たちの一人があなたを私に<u>紹介</u>しました。	colleagueのcoは「一緒に」という意味です。coworker（同僚）と同義語。
彼女はあなたの内装<u>デザイン</u>サービスを気に入ってます。	designは動詞も同じ形です。design a building（ビルを設計する）のように使います。
来月オフィスが<u>移転</u>します。	move（動く）の主語が物なら「移転する」、主語が人なら「引っ越す」です。
私は新しいパスワードを<u>作り</u>ました。	createは、創造力を使って何か新しいものを作り出すイメージです。そんな人たちを creator（クリエーター）と呼びますよね。
私たちはこの<u>心地よい</u>空間が好きです。	TOEICは事故も病気も嫌な人もいないとても comfortableな世界です。
私はオフィスに<u>入り</u>ました。	enterは「入力する」という意味でも使われます。enter a password（パスワードを入力する）。
新しい<u>家具</u>をいくつか買う予定にしています。	家具が2つ以上あっても✕ furnituresにしてはいけません。単複同形です。
私は本当に<u>プロ</u>のアドバイスがほしいです。	professionalは名詞だと「専門家」を意味します。同様の意味で expert、specialistがあります。
私のオフィスは中心街に<u>位置して</u>います。	conveniently located（便利な場所に位置している）も頻出フレーズ。

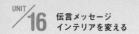

チャレンジドリル

音声を聞いて、次の質問に答えましょう。音声の英文と解答は次ページ。

Part 4 🔊 080

1. Why is the speaker calling?
(A) To ask about an interior design service
(B) To explain a new location
(C) To discuss a price
(D) To apologize for a delay

2. Who most likely is the listener?
(A) A sales employee
(B) A construction worker
(C) An interior designer
(D) A flight attendant

3. What does the speaker plan to do for his office?
(A) Hire more employees
(B) Choose different wallpaper
(C) Build a patio
(D) Buy new furniture

問題の英文

Questions 1 through 3 refer to the following telephone message.
Hello, my name is Alex Keyes. I run a small real estate business. One of my colleagues introduced your interior design service to me. My office is planning to move next month and I'm thinking about renovating the interior before we move in. We'd like to create a comfortable space for clients when they enter the office. I'm also planning to buy some new furniture. So, I'd really like some professional advice. Would you be available to meet next Monday? My office is located downtown. Please call me back at 555-0903. Thank you.

問題の訳

問題1-3 は次の電話のメッセージに関するものです。

もしもし、私は Alex Keyes と申します。小さな不動産会社を経営しています。私の同僚の一人があなたの内装デザインサービスを紹介してくれました。来月事務所を移転する計画で、その前にインテリアを改装することを考えています。お客さまが事務所に入ってこられたときに、心地よい空間を作りたいのです。また新しい家具の購入も計画中です。ですからぜひプロのアドバイスを頂きたいのです。来週の月曜日にお会いできないでしょうか？　私の事務所は中心街にあります。555-0903 まで折り返しお電話下さい。よろしくお願いします。

設問の訳

1. 話し手はなぜ電話をかけていますか。
(A) 内装デザインサービスについて問い合わせるため
(B) 新しい場所を説明するため
(C) 値段を話し合うため
(D) 遅延を詫びるため
2. 聞き手は誰だと考えられますか。
(A) 営業社員
(B) 建設作業員
(C) 内装デザイナー
(D) 客室乗務員
3. 話し手は彼の事務所のために何を計画していますか？？
(A) もっと従業員を雇う
(B) 違う壁紙を選ぶ
(C) 中庭を建設する
(D) 新しい家具を買う

語注

think about ~ ～について考える　delay 遅延　wallpaper 壁紙

正解

1. (A) **2.** (C) **3.** (D)

UNIT 17 伝言メッセージ パーティーの人数確認

STEP 1 語彙ドリル

C 🔊 081 🔊 082

☑1 チャンツ → ☑2 英▶日変換 → ☑3 日▶英変換

	英語	品詞	日本語
☑ 1	front desk		受付
☑ 2	book	動	予約する
☑ 3	pleased	形	喜んで
☑ 4	anniversary	名	周年記念
☑ 5	venue	名	会場
☑ 6	confirm	動	確認する
☑ 7	prepare	動	準備する
☑ 8	accommodate	動	収容する
☑ 9	consider	動	考える
☑ 10	option	名	選択肢

単語暗記JOKE　10「周年記念」パーティーで、兄バーサリ (anniversary) クビになる。

STEP 2 フレーズドリル　🔊 083

☑1 リスニング → ☑2 英▶日変換 → ☑3 日▶英変換

 英語 　　　　　　　　　　　 日本語

	英語	日本語
☑ 1	at the <u>front</u> <u>desk</u> of Mapleview Hotel	Mapleview Hotel の<u>受付</u>で
☑ 2	<u>book</u> a banquet room	宴会場を<u>予約する</u>
☑ 3	We are <u>pleased</u>.	私たちは<u>喜ん</u>でいます。
☑ 4	tenth <u>anniversary</u> reception	10 <u>周年記念</u>のパーティー
☑ 5	about the <u>venue</u>	<u>会場</u>について
☑ 6	<u>confirm</u> how many people will be attending	何人参加するか<u>確認する</u>
☑ 7	<u>prepare</u> a room	部屋を<u>準備する</u>
☑ 8	<u>accommodate</u> 100 people	100 人<u>収容する</u>
☑ 9	<u>consider</u> some gifts	贈り物を<u>考える</u>
☑ 10	view some <u>options</u>	<u>選択肢</u>を見る

109

3 センテンスドリル

☑ 1 リスニング → ☑ 2 英▶日変換 → ☑ 3 日▶英変換

英語

☑ 1　This is Janet at the <u>front desk</u> of Mapleview Hotel.

☑ 2　Thank you for <u>book</u>ing a banquet room.

☑ 3　We are <u>pleased</u> that you have chosen our hotel.

☑ 4　Our company's having a tenth <u>anniversary</u> reception.

☑ 5　I'm calling about the <u>venue</u>.

☑ 6　I'd like to <u>confirm</u> how many people will be attending.

☑ 7　We have <u>prepared</u> a room.

☑ 8　The room can <u>accommodate</u> 100 people.

☑ 9　If you're <u>considering</u> some gifts,

☑ 10　You can view some <u>options</u>.

日本語	解説
こちらは Mapleview Hotel の受付の Janet です。	「ホテルの受付」は front deskですが、会社などの「受付」は receptionを使います。
宴会場のご予約をありがとうございます。	bookは既出の reserve（予約する）と同じ意味です。banquet room（宴会場）も頻出。
当ホテルを選んでくださって喜んでいます。	be pleased to do（動詞の原形）の形でもよく使われます。
会社の 10 周年記念のパーティーがあります。	TOEICでは、festival（祭り）、trade show（見本市）、workshop（研修会）などさまざまなイベントが行われます。
会場についてお電話しています。	TOEICでは会場や時間の変更がよく起こります。
何人参加するか確認したいです。	confirmの後の内容が設問で問われることがあるので聞き逃さないように。
部屋を準備しました。	現在完了形で「ちょうど今準備ができた」というニュアンスです。
その部屋は 100 人収容することができます。	名詞形の accommodationは「収容施設、宿泊施設」の意味でこちらも頻出語。
もし贈り物を考えていらっしゃるならば、	considerの後に動詞がくるときは動名詞（ing形）です。consider cutting costs（コスト削減を考えている）。
選択肢を見ることができます。	optionの形容詞形は optional（自由選択の、任意の）。optional tour（オプショナルツアー）など。

STEP 4 チャレンジドリル

音声を聞いて、次の質問に答えましょう。音声の英文と解答は次ページ。

Part 4 🔊 085

1. Where most likely does the speaker work?
(A) At a factory
(B) At an appliance shop
(C) At a real estate agency
(D) At a hotel

2. Why is the speaker calling?
(A) To explain a mobile application
(B) To confirm the number of attendees
(C) To discuss an estimate
(D) To ask for some professional advice

3. What can the listener do on the Web site?
(A) Check the fare
(B) View some options
(C) Give some feedback
(D) Book a banquet room

問題の英文

Questions 1 through 3 refer to the following telephone message.

Hello, Ms. Killorn. This is Janet at the front desk of Mapleview Hotel. Thank you for booking our banquet room in October. We're pleased that you've chosen our hotel to hold your company's tenth anniversary reception. I'm calling about the venue. I'd like to confirm how many people will be attending. Right now we've prepared a room which can accommodate 100 people. Also, if you're considering some special gifts for the attendees, you can view some options on our Web site.

問題の訳

問題1-3 は次の電話のメッセージに関するものです。

もしもし、Killorn様。こちらは Mapleview Hotel の受付の Janet です。10月の宴会場のご予約ありがとうございます。御社の10周年記念パーティーを行うために当ホテルを選んでいただき、喜んでおります。その会場についてお電話しています。何人出席されるのか確認したいのです。現在、100人収容できる部屋をご準備しております。また、出席者用に特別な贈り物をお考えでしたら、私どものウェブサイトでいくつか選択肢をご覧いただけます。

設問の訳

1. 話し手はどこで働いていると考えられますか。
(A) 工場
(B) 電化製品店
(C) 不動産会社
(D) ホテル
2. 話し手はなぜ電話をかけていますか。
(A) 携帯電話のアプリを説明するため
(B) 出席者数を確認するため

(C) 見積もりについて話し合うため
(D) プロのアドバイスを聞くため
3. 聞き手はウェブサイトで何ができますか。
(A) 運賃を確認する
(B) 選択肢を見る
(C) 意見を伝える
(D) 宴会場を予約する

語注

hold 行う　feedback 意見

正解

1. (D)　**2.** (B)　**3.** (B)

UNIT 18 伝言メッセージ
健康診断の予約変更

STEP 1 語彙ドリル　C　🔊 086　🔊 087

☑1 チャンツ → ☑2 英▶日変換 → ☑3 日▶英変換

	英語	品詞	日本語
☑ 1	medical	形	医療の
☑ 2	appointment	名	予約
☑ 3	checkup	名	健康診断
☑ 4	replace	動	取り換える
☑ 5	possible	形	可能な
☑ 6	postpone	動	延期する
☑ 7	either	形	どちらか一方の
☑ 8	return	動	返す
☑ 9	reply	動	返事をする
☑ 10	inconvenience	名	不便

STEP 2 フレーズドリル　🔊 088

☑1 リスニング　→　☑2 英▶日変換　→　☑3 日▶英変換

 英語　　　　　　　　　　　 日本語

	英語	日本語
☑ 1	medical clinic	医療診療所
☑ 2	call about your appointment	あなたの予約について電話する
☑ 3	regular checkup	定期健康診断
☑ 4	replace some equipment	機器を取り換える
☑ 5	Would it be possible to ~?	~することは可能でしょうか？
☑ 6	postpone an appointment	予約を延期する
☑ 7	either Monday or Friday	月曜か金曜かどちらか
☑ 8	return my call	電話を折り返す
☑ 9	reply by the end of the week	週末までに返事をする
☑ 10	sorry for the inconvenience	不便をかけて申し訳なく思う

115

STEP 3 センテンスドリル 089

☐1 リスニング → ☐2 英▸日変換 → ☐3 日▸英変換

英語

☐ 1 This is Christine from Dr. Brennan's medical clinic.

☐ 2 I'm calling about your appointment.

☐ 3 Your regular checkup is scheduled for next Tuesday.

☐ 4 We have to replace some equipment.

☐ 5 Would it be possible to use your car?

☐ 6 You can postpone the appointment.

☐ 7 Please choose either Monday or Friday.

☐ 8 Please return my call.

☐ 9 If you could reply by the end of the week,

☐ 10 I'm sorry for the inconvenience.

日本語

解説

こちらは Dr. Brennan の<u>医療診療所</u>の Christine です。	medicalのmedは「医学」という意味です。medicine(薬)。
私はあなたの<u>予約</u>について電話しています。	「予約をする」は make an appointment、「予約がある」は have an appointment です。
あなたの定期<u>健康診断</u>は来週の火曜日に予定されています。	他にも dental checkup(歯科検診)などが登場します。
機器を<u>取り換え</u>なければいけません。	replaceは人を代えるときにも使われます。I replaced him.(彼の後任になりました)。
あなたの車を使うことは<u>可能</u>でしょうか？	imやinは否定の意味を持ち、im(不)＋ possible(可能な)=impossible(不可能な)の意味になります。
予約を<u>延期</u>することができます。	延期、キャンセル、遅れ、などTOEICにはアクシデントがつきものです。
月曜か金曜<u>かどちらか</u>を選んでください。	either A or B(AかBかどちらか)で覚えておきましょう。Part 5 でも頻出です。
電話を<u>折り返して</u>ください。	メッセージの最後のほうでは、「電話して」「メールして」など折り返しの連絡を求められることが多いです。
もし週末までに<u>お返事をして</u>いただければ、	reply は名詞でも頻出です。Thank you for your reply.(お返事ありがとうございます)。
ご<u>不便</u>をおかけして申し訳ございません。	imやinは否定の意味を持ち、in(不)＋ convenience(便利) = inconvenience(不便)となります。

117

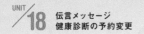

チャレンジドリル

音声を聞いて、次の質問に答えましょう。音声の英文と解答は次ページ。

Part 4 🔊 090

1. Why is the speaker calling?
- (A) To book a banquet room
- (B) To postpone an appointment
- (C) To advertise some appliances
- (D) To introduce a colleague

2. What will happen on Tuesday afternoon?
- (A) Some equipment will be replaced.
- (B) There will be an anniversary reception.
- (C) Some professors will attend a conference.
- (D) Business hours will be extended.

3. What will the listener most likely do next?
- (A) Go downtown
- (B) Get a brochure
- (C) Return a call
- (D) Serve refreshments

問題の英文

Questions 1 through 3 refer to the following telephone message.

Hello, Mr. Lee. This is Christine from Dr. Brennan's medical clinic. I'm calling about your appointment. Your regular checkup is scheduled for next Tuesday afternoon but we have to replace some equipment that afternoon. So, would it be possible to postpone it to either Monday or Friday next week? Please return my call and let us know which day suits you. If you could reply by the end of the week, it would be much appreciated. We're very sorry for the inconvenience.

問題の訳

問題1-3 は次の電話のメッセージに関するものです。

もしもし、Lee様。こちらは Dr. Brennanの医療診療所の Christineです。私はあなたの予約について電話しています。あなたの定期健康診断は来週の火曜日の午後に予定されていますが、その日の午後、私たちは機器を取り換えなければいけません。そこで、次の週の月曜日か金曜日のどちらかに延期することはできますか？　電話を折り返して、どちらの日の都合が良いかお知らせいただけますか。週末までにお返事を頂ければ大変ありがたいです。ご不便をおかけして大変申し訳ございません。

設問の訳

1. 話し手はなぜ電話をかけていますか。

(A) 宴会場を予約するため

(B) 予約を延期するため

(C) 機器を宣伝するため

(D) 同僚を紹介するため

2. 火曜日の午後に何が起きますか。

(A) 機器が取り換えられる。

(B) 周年記念パーティーが行われる。

(C) 教授が会議に出席する。

(D) 営業時間が延長される。

3. 聞き手は次に何をすると考えられますか。

(A) 中心街に行く

(B) カタログを受け取る

(C) 電話を折り返す

(D) 軽食を出す

語注

it would be appreciated. 　大変ありがたいです。

正解

1. (B)　**2.** (A)　**3.** (C)

119

UNIT 19 スピーチ
優秀社員賞

STEP 1 語彙ドリル　C　◀》091　◀》092

☑1 チャンツ → ☑2 英▶日変換 → ☑3 日▶英変換

	英語	品詞	日本語
☑ 1	announce	動	発表する
☑ 2	award	名	賞
☑ 3	excellent	形	優れた
☑ 4	performance	名	成績
☑ 5	increase	動	増加する
☑ 6	significantly	副	大幅に
☑ 7	same	名	同じこと
☑ 8	express	動	述べる
☑ 9	appreciation	名	感謝
☑ 10	present	動	贈る

STEP 2 フレーズドリル　🔊 093

☑1 リスニング → ☑2 英▶日変換 → ☑3 日▶英変換

	英語	日本語
☑ 1	announce a conference schedule	会議のスケジュールを発表する
☑ 2	the Employee of the Year Award	年間優秀社員賞
☑ 3	excellent communication skills	優れたコミュニケーション能力
☑ 4	work performance	業務成績
☑ 5	increase sharply	急激に増加する
☑ 6	grow significantly	大幅に成長する
☑ 7	feel the same	同感である (同じことを感じる)
☑ 8	express my opinion	自分の意見を述べる
☑ 9	show my appreciation	感謝を表す
☑ 10	present her with some flowers	彼女に花を贈る

③ センテンスドリル

☑1 リスニング → ☑2 英▶日変換 → ☑3 日▶英変換

英語

☑ 1　I'd like to <u>announce</u> the conference schedule.

☑ 2　It is the Employee of the Year <u>Award</u>.

☑ 3　She has <u>excellent</u> communication skills.

☑ 4　We thank her for her work <u>performance</u>.

☑ 5　Our sales have <u>increased</u> sharply.

☑ 6　Our business is growing <u>significantly</u>.

☑ 7　All sales department employees feel the <u>same</u>.

☑ 8　I <u>express</u>ed my opinion.

☑ 9　We'd like to show our <u>appreciation</u>.

☑ 10　I'd like to <u>present</u> her with some flowers.

日本語	解説
会議のスケジュールを<u>発表</u>したいです。	announceの後には、名詞か、thatに導かれる文（主語＋動詞）がきます。その内容がよく設問で問われます。
それは年間優秀社員<u>賞</u>です。	従業員が輪になって拍手して受賞者を祝うこともあります。
彼女は優れたコミュニケーション能力を持っています。	communication skillは「求人」でも頻出です。
彼女の業務<u>成績</u>に感謝します。	performanceには「演技、公演」の意味もあり、動詞形performは「演じる、公演する」。
売り上げは急激に<u>増加</u>しました。	increaseの反意語はdecrease。TOEICでは、このような売り上げや生産量などの増減を表す単語は重要です。
会社のビジネスは<u>大幅</u>に成長しています。	grow は quickly、rapidly（急速に）などの副詞と一緒に使われることもあります。名詞形の growth（成長）も頻出です。
全営業部員も<u>同感</u>です。	TOEICの世界では異論が唱えられることは滅多にありません。
私は自分の意見を<u>述</u>べました。	expressは形容詞も同じ形で「急ぎの」という意味になります。express train（急行電車）。
<u>感謝</u>の意を表したいです。	appreciationは、動詞appreciate（感謝する）の名詞形です。thank（感謝する）よりフォーマルな場面で用いられます。
彼女に花を<u>贈</u>りたいです。	動詞の presentの後は、〈人＋with＋物〉がきます（人に物を贈る）。

123

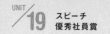

チャレンジドリル

音声を聞いて、次の質問に答えましょう。音声の英文と解答は次ページ。

Part 4 🔊 095

1. Why is Robin Tanaka given an award?
   (A) She made a good presentation.
   (B) Her work performance was excellent.
   (C) She designed a wide variety of products.
   (D) Her project was successful.

2. What department do the listeners most likely work in?
   (A) Maintenance
   (B) Personnel
   (C) Sales
   (D) Customer service

3. What is Ms. Tanaka presented?
   (A) Flowers
   (B) An album
   (C) Pictures
   (D) A meal coupon

問題の英文

Questions 1 through 3 refer to the following speech.
Hello, everyone. Thank you for attending this meeting on such short notice. Before we begin, I'd like to announce the Employee of the Year Award for this year. Robin Tanaka! Thanks to her excellent work performance, our sales have increased significantly. I'm sure all sales department employees feel the same. To express our appreciation, I'd like to present her with some flowers from the sales team.

問題の訳

問題1-3 は次のスピーチに関するものです。
こんにちは、皆さん。急なお知らせにもかかわらず、このミーティングにお集まりいただきありがとうございます。開始前に、今年の年間優秀社員賞を発表したいと思います。Robin Tanakaさんです！　彼女の優れた業務成績のおかげで、売り上げが急激に増加しました。全営業部員も同感でしょう。私たちの感謝の意を表して、営業部より花束を贈りたいと思います。

設問の訳

1. Robin Tanakaはなぜ賞を与えられるのですか。
(A) 彼女は良いプレゼンをした。
(B) 彼女の業務成績が優れていた。
(C) 彼女は幅広い種類の商品をデザインした。
(D) 彼女のプロジェクトが成功した。

2. 聞き手はどんな部署で働いていると考えられますか。
(A) 維持管理
(B) 人事
(C) 営業
(D) カスタマーサービス

3. Tanakaさんは何を贈られますか。
(A) 花
(B) アルバム
(C) 絵
(D) 食事券

語注

short notice 急な知らせ　successful 成功して　personnel 人事　meal coupon 食事券

正解

1. (B)　**2.** (C)　**3.** (A)

UNIT 20

お知らせ
図書館の資金集め

STEP 1 語彙ドリル　　　C　◀)) 096　◀)) 097

☑1 チャンツ → ☑2 英▶日変換 → ☑3 日▶英変換

	英語	品詞	日本語
☑ 1	share	動	共有する
☑ 2	effort	名	努力
☑ 3	raise	動	集める
☑ 4	success	名	成功
☑ 5	famous	形	有名な
☑ 6	donate	動	寄付する
☑ 7	publish	動	出版する
☑ 8	fund	名	資金
☑ 9	upcoming	形	今度の
☑ 10	post	動	掲示する

STEP 2 フレーズドリル 🔊 098

☑1 リスニング → ☑2 英▶日変換 → ☑3 日▶英変換

 英語　　　　　　　　　　 日本語

☑ 1	share some good news	良いニュースを共有する
☑ 2	efforts of all the staff	スタッフ全員の努力
☑ 3	raise $1,500	1500 ドルを集める
☑ 4	great success	大成功
☑ 5	famous local author	有名な地元の作家
☑ 6	donate ten copies of her book	彼女の本 10 冊を寄付する
☑ 7	recently published book	最近出版された本
☑ 8	with the funds	その資金で
☑ 9	announce upcoming events	今度のイベントを発表する
☑ 10	post the schedule	予定を掲示する

127

STEP 3 センテンスドリル 099

☐1 リスニング → ☐2 英▸日変換 → ☐3 日▸英変換

英語

☐ 1 I'd like to share some good news.

☐ 2 Thanks to the efforts of all the staff,

☐ 3 We were able to raise $1,500.

☐ 4 The event was a great success.

☐ 5 She is a famous local author.

☐ 6 She donated ten copies of her book.

☐ 7 This is her recently published book.

☐ 8 With the funds that we raised, we bought a computer.

☐ 9 I also would like to announce the upcoming events.

☐ 10 We posted the schedule on the bulletin board.

日本語	解説
良いニュースを<u>共有</u>したいです。	shareの名詞は同じ形で、「株」の意味もあります。
スタッフ全員の<u>努力</u>のおかげで、	make an effort（努力する）も一緒に覚えましょう。
1500ドルを<u>集める</u>ことができました。	rise（上がる）と混同しないように。発音 raise [reiz]、rise [raiz]に注意！
そのイベントは<u>大成功</u>でした。	形容詞形の successfulも頻出です。successful candidate（成功した候補者→面接選考に残った候補者）
彼女は<u>有名な</u>地元の作家です。	TOEICでは、作家、歌手、スポーツ選手、起業家などの有名人が登場します。
彼女は彼女の本10冊を<u>寄付し</u>ました。	TOEICでは、寄付や資金集めのチャリティーイベントがよく開催されます。
これは彼女の最近<u>出版</u>された本です。	publishの名詞形 publishing（出版）も頻出です。publishing company（出版社）。
われわれが集めたその<u>資金</u>でパソコンを買いました。	fundと raiseが合体すると fund-raising（資金集め [の]）になります。
<u>今度の</u>イベントも発表したいです。	upcomingは未来のことなので、willと一緒に使われることが多いです。
私たちは掲示板に予定を<u>掲示し</u>ました。	postは、TOEICでは「郵便物を投函する」よりも「掲示する」「（ウェブサイトなどに）投稿する」の意味でよく使われます。

129

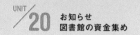

チャレンジドリル

音声を聞いて、次の質問に答えましょう。音声の英文と解答は次ページ。

Part 4  100

1. Where does the speaker most likely work?
   (A) At a furniture shop
   (B) At a university
   (C) At a library
   (D) At a shipping company

2. Why was the event a success?
   (A) A famous author attended it.
   (B) Admission to the event was free.
   (C) Some gifts were presented.
   (D) The event was broadcast on the radio.

3. What does the speaker say he can do?
   (A) Extend business hours
   (B) Purchase additional computers
   (C) Display many pictures
   (D) Build a cafeteria

問題の英文

Questions 1 through 3 refer to the following announcement.

I'd like to share some good news with all our library users. Thanks to the efforts of all the staff, we were able to raise $1,500 at the library's event this weekend. The event was a great success because the famous local author, Ms. Charlotte Pointe, attended and also donated 10 copies of her recently published book. With the funds that we raised, we'll be able to purchase three additional computers for our users. I also would like to announce the upcoming events. We posted the schedule on the bulletin board, so please be sure to have a look.

問題の訳

問題1-3 は次のお知らせに関するものです。

当図書館を利用されている全ての皆さんと良いニュースを共有したいと思います。スタッフ全員の努力のおかげで、図書館のイベントで今週末1500ドルを集めることができました。このイベントが大成功だったのは、有名な地元の作家 Charlotte Pointe さんが参加され、また彼女の最近出版された本を10冊寄付してくださったからです。われわれが集めたその資金で、利用者用に追加で3台のパソコンを買うことができるでしょう。今度のイベントも発表したいと思います。掲示板に予定を掲示したので、必ずご覧ください。

設問の訳

1. 話し手はどこで働いていると考えられますか。
(A) 家具店
(B) 大学
(C) 図書館
(D) 配送会社
2. なぜイベントは成功しましたか。
(A) 有名な作家が出席したから。
(B) イベントの入場料が無料だったから。

(C) プレゼントが贈られたから。
(D) そのイベントがラジオで放送されたから。
3. 話し手は何ができると言っていますか。
(A) 営業時間を延長する
(B) 追加のパソコンを購入する
(C) たくさんの絵を展示する
(D) 社員食堂を建てる

語注

be sure to ~ 必ず~する have a look 見る admission 入場料

正解

1. (C) **2.** (A) **3.** (B)

UNIT 21 テキストメッセージ チケットを払い戻す

STEP 1 語彙ドリル C ◀) 101 ◀) 102

☑1 チャンツ → ☑2 英▶日変換 → ☑3 日▶英変換

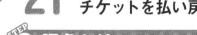

	英語	品詞	日本語
☑ 1	theater	名	劇場
☑ 2	online	副	オンラインで
☑ 3	waste	動	無駄にする
☑ 4	refund	名	払い戻し
☑ 5	policy	名	規定
☑ 6	allow	動	許可する
☑ 7	another	形	他の
☑ 8	preferred	形	望ましい
☑ 9	whether	接	～かどうか
☑ 10	mean	動	意図する

STEP 2 フレーズドリル　　🔊 103

☑1 リスニング　➡　☑2 ▶変換　➡　☑3 日▶英 変換

英語	日本語
☑ 1　a theater membership	劇場の会員権
☑ 2　purchase tickets online	オンラインでチケットを購入する
☑ 3　waste a ticket	チケットを無駄にする
☑ 4　get a refund	払い戻しを受ける
☑ 5　our policy	私どもの規定
☑ 6　allow your request	あなたの要求を許可する
☑ 7　change the date to another day	日にちを他の日に変える
☑ 8　preferred dates	望ましい日にち
☑ 9　whether they are available	それらが空いているかどうか
☑ 10　What does Mr. Khan mean?	Khan さんは何を意図していますか?

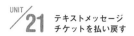

3 センテンスドリル （🔊 104）

☑1 リスニング → ☑2 英▶日変換 → ☑3 日▶英変換

英語

☑ 1　I have a <u>theater</u> membership.

☑ 2　I purchased tickets <u>online</u>.

☑ 3　I don't want to <u>waste</u> my ticket.

☑ 4　Can I get a <u>refund</u>?

☑ 5　This is our <u>policy</u>.

☑ 6　We cannot <u>allow</u> your request.

☑ 7　Let me change the date to <u>another</u> day.

☑ 8　What are your <u>preferred</u> dates?

☑ 9　Let me check <u>whether</u> they are available.

☑ 10　What does Mr. Khan <u>mean</u> when he writes, " ~ " ?

日本語

解説

日本語	解説
劇場の会員権を持っています。	theaterだけだと「劇場」、movie theaterだと「映画館」。
オンラインでチケットを購入しました。	online、on the Web site、on the Internetは全て同じことです。
チケットを無駄にしたくありません。	wasteの目的語には moneyや time などがよく使われます。
払い戻しを受けられますか?	refundや replace(取り換える)は、欠陥品が顧客に届いたときの解決法で、設問の答えとなることがあります。
これが私どもの規定です。	vacation policy(休暇規定)、return policy(返品規定)のように使われます。
あなたの要求を許可することはできません。	⟨allow+人+ to do(動詞の原形)⟩で「人に~することを許す」の形でも頻出です。発音 [アラウ / əláu]にも注意!
日にちを他の日に変えさせてください。	another の後ろは必ず名詞の単数形がきます。Part 5 で使い方を問われることがあります。
お望みの日にちはいつですか?	preferredは、動詞 prefer(好む)の過去分詞形。求人の採用条件で「必須ではないが望ましい」の意味で登場。
それらが空いているかどうか調べさせてください。	whether A or B (Aか Bのどちらか)の形で、Part 5 でも出題されることがあります。
Khan さんは「~」という発言で、何を意図していますか?	Part 7 の設問で出題されるセンテンスの形です。意図問題と呼ばれています。

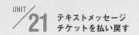 チャレンジドリル  🔊 105

英文を読んで下の質問に答えましょう。英文の訳と解答は次ページ。

Part 7

Question 1-3 refer to the following text-message chain.

Raymond Khan [1:05 P.M.]
Hello. I have a theater membership. I purchased two tickets to this Friday's performance online. However, I'll be busy on that day but I don't want to waste my tickets. Can I get a refund?

Kyle Lee [1:07 P.M.]
Thank you for your continued support, Mr. Khan. Unfortunately, our policy doesn't allow refunds. May I suggest changing the date to another day?

Raymond Khan [1:08 P.M.]
Can I switch it to a different day instead?

Kyle Lee [1:10 P.M.]
Certainly. What are your preferred dates? I'll check to see whether they're available.

---

1. Where most likely does Mr. Lee work?
   (A) At a restaurant
   (B) At a theater
   (C) At a medical clinic
   (D) At an appliance shop

2. At 1:05 P.M., what does Mr. Khan mean when he writes, "I will be busy on that day"?
   (A) He will finish working soon.
   (B) His flight has been canceled.
   (C) He cannot go to the theater.
   (D) He owns a shipping company.

3. What does Mr. Lee suggest Mr. Khan do?
(A) Switch his reservation to another day.
(B) Donate some money
(C) Avoid heavy traffic
(D) Run his own business

英文の訳

問題1-3は次のテキストメッセージのやりとりに関するものです。

Raymond Khan [午後1時5分]
こんにちは。私はそちらの劇場の会員権を持っています。インターネットで、今週金曜日の公演のチケットを2枚買いました。しかし、私はその日は忙しいのですが、チケットを無駄にしたくありません。返金を受けられますか?

Kyle Lee [午後1時7分]
いつもご愛顧いただきありがとうございます、Khan様。残念ながら、私どもの規定で返金はできません。他の日に変更することをお勧めさせてください。

Raymond Khan [午後1時8分]
代わりに、他の日に変えることができるんですか?

Kyle Lee [午後1時10分]
もちろんです。お望みの日にちはいつですか? 空いているかどうかをお調べいたします。

設問の訳

1. Leeさんはどこで働いていると考えられますか。
(A) レストラン
(B) 劇場
(C) 医療診療所
(D) 電化製品店

2. 午後1時5分に、Khanさんが書いている "私はその日は忙しい" は、何を意図していますか。
(A) すぐに仕事を終えるだろう。

(B) 彼の飛行機がキャンセルされた。
(C) 劇場に行けない。
(D) 配送会社を所有している。

3. LeeさんはKhanさんに何をすることを勧めますか。
(A) 予約を他の日に変更する
(B) お金を寄付する
(C) 渋滞を避ける
(D) 彼自身の会社を経営する

正解

1. (B) **2.** (C) **3.** (A)

UNIT 22 テキストメッセージ シフト変更

□1 チャンツ → □2 英▶日変換 → □3 日▶英変換

	英語	品詞	日本語
□ 1	shift	名	シフト（交代勤務）
□ 2	stay	動	滞在する
□ 3	package	名	小包
□ 4	leave	動	出発する
□ 5	dental	形	歯科の
□ 6	willing	形	喜んで
□ 7	extra	形	追加の
□ 8	pretty	副	かなり
□ 9	part	名	部品
□ 10	fix	動	修理する

STEP 2 フレーズドリル 🔊 108

☑1 リスニング → ☑2 英▶日変換 → ☑3 日▶英変換

 英語　　　　　　　　　　　 日本語

☑ 1　cover a <u>shift</u> tonight　　　今晩の<u>シフト</u>を代わる

☑ 2　need to <u>stay</u>　　　　　　　<u>滞在する</u>必要がある

☑ 3　Some <u>packages</u> are delivered.　いくつかの<u>小包</u>が配達される。

☑ 4　<u>leave</u> by 4:30　　　　　　　4時半までに<u>出発する</u>

☑ 5　have a <u>dental</u> appointment　<u>歯科</u>の予約がある

☑ 6　I'm <u>willing</u> to ~　　　　　<u>喜んで</u>~する

☑ 7　work <u>extra</u> hours　　　　　<u>追加の</u>時間を働く

☑ 8　<u>pretty</u> old　　　　　　　　<u>かなり</u>古い

☑ 9　Some <u>parts</u> are replaced.　いくつかの<u>部品</u>が交換される。

☑ 10　<u>fix</u> the car　　　　　　　車を<u>修理する</u>

139

STEP 3 センテンスドリル　　　🔊 109

☑1 リスニング　→　☑2 英▶日変換　→　☑3 日▶英変換

英語

☑ 1　Can you cover my shift tonight?

☑ 2　Someone needs to stay at the store.

☑ 3　Some packages are scheduled to be delivered.

☑ 4　I have to leave by 4:30.

☑ 5　I have a dental appointment.

☑ 6　I'm willing to cover your shift.

☑ 7　I can work extra hours.

☑ 8　My car is pretty old.

☑ 9　Some parts need to be replaced.

☑ 10　They'll be able to fix the car.

日本語	解説
今晩のシフトを代わってくれませんか？	coverには「(人の仕事を)代行する」という意味があります。
誰かが店に滞在する必要があります。	stay は同じ形で名詞(滞在)もあります。someoneは単数形なので、動詞は三人称単数のsが必要です。
いくつかの小包が配達される予定です。	deliver(配達する)の名詞形はdelivery(配達)、デリバリーという日本語にもなっていますね。
4時半までに出発しなくてはいけません。	leaveには「退職する」の意味もあります。過去形はleftです。「左」のleftとつづりは同じです。
歯科の予約があります。	「予約がある」は have an appointment、「予約をする」は make an appointment。
私は喜んでシフトを代わりますよ。	willingを happyや pleasedに換えても同様の意味になります。笑顔で引き受けてくれる場面をイメージしましょう。
追加の時間を働くことができます。	extra charge(追加の料金)も頻出。既出の additional(追加の)が類義語です。work extra hoursは「残業する」。
私の車はかなり古いです。	形容詞の pretty(かわいい)は、副詞だと「かなり」という強調の意味になります。
いくつかの部品が交換される必要があります。	注文品が不良品だったときも replace(交換する)、refund(返金する)などが解決法です。
彼らはその車を修理できるでしょう。	fixは repair(修理する)に言い換えられます。fix (repair) a photocopier(コピー機を修理する)。

 チャレンジドリル　

英文を読んで下の質問に答えましょう。英文の訳と解答は次ページ。

Part 7

Question 1-3 refer to the following text-message chain.

Monday 1 May

Paul Phelps [2:15 P.M.]
Hi, Dona. Can you cover my shift tonight? Someone needs to stay at the store overnight because several packages are scheduled to be delivered.

Dona Beatie [2:18 P.M.]
I wish I could but I have to leave by 4:30. I have a dental appointment. Why don't you ask Meg?

Meg Hanks: [2:20 P.M.]
I'm willing to work extra hours.

Paul Phelps [2:21 P.M.]
Thank you, Meg. My car broke down and I have to go to the repair shop right away. It's pretty old so some parts may need to be replaced.

Meg Hanks: [2:23 P.M.]
Sorry to hear that. I hope that they'll be able to fix it for you.

Paul Phelps [2:24 P.M.]
Thank you for covering for me. I really appreciate it.

---

1. What will most likely happen tonight?
(A) Some construction work will be delayed.
(B) A music concert will be performed.
(C) A computer maintenance will take place.
(D) Some packages will be delivered.

2. At 2:20 P.M., what does Ms. Hanks mean when she writes, "I'm willing to work extra hours"?
(A) She can cover the shift.
(B) She can fix a car.
(C) She can design comfortable furniture.

(D) She can postpone her appointment.

3. What was Mr. Phelps' problem?
(A) His medical checkup was canceled.
(B) His luggage was lost.
(C) His car broke down.
(D) His flight was behind schedule.

英文の訳

問題1-3 は次のテキストメッセージのやりとりに関するものです。
5月1日 月曜日
Paul Phelps［午後2時15分］
やあ、Dona。今晩のシフトを代わってくれない？　今晩、誰かが店にいる必要がある。いくつか小包が配達される予定なんだ。
Dona Beatie［午後2時18分］
そうできればいいんだけど、4時半までに出発しなくてはならないの。歯科の予約があるの。Megに頼んではどうかしら。
Meg Hanks:［午後2時20分］
喜んで残業しますよ。
Paul Phelps［午後2時21分］
ありがとう、Meg。僕の車が故障して、修理工場にすぐに行かなくてはならないんだ。かなり古くていくつかの部品を交換する必要があるかもしれないんだ。
Meg Hanks:［午後2時23分］
それはお気の毒に。彼らがあなたの車を修理できるといいですね。
Paul Phelps［午後2時24分］
代わってくれてありがとう。本当に感謝するよ。

設問の訳

1. 今晩何が起きると考えられますか。
(A) いくつかの建設工事が遅れる。
(B) 音楽のコンサートが行われる。
(C) コンピュータの維持管理が行われる。
(D) いくつかの小包が配達される。
2. 午後2時20分、Hanksさんが書いている "喜んで残業しますよ。" は、何を意図していますか。
(A) シフトを代わることができる。
(B) 車を修理することができる。
(C) 心地よい家具をデザインすることができる。
(D) 予約を延期することができる。
3. Phelpsさんの問題は何でしたか。
(A) 健康診断がキャンセルされた。
(B) 彼の荷物がなくなった。
(C) 彼の車が故障した。
(D) 飛行機が遅れた。

語注

I hope (that) ~ ～だといいですね。

正解

1. (D)　**2.** (A)　**3.** (C)

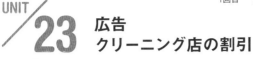

UNIT 23

広告
クリーニング店の割引

STEP 1 語彙ドリル

C ◀) 111 ◀) 112

☐1 チャンツ → ☐2 英▶日変換 → ☐3 日▶英変換

	英語	品詞	日本語
☐ 1	outlet	名	店舗
☐ 2	quality	名	品質
☐ 3	through	前	～を通して
☐ 4	period	名	期間
☐ 5	usual	形	通常の
☐ 6	become	動	～になる
☐ 7	benefit	名	特典
☐ 8	advantage	名	利点
☐ 9	ready	形	準備ができて
☐ 10	indicated	形	示された

単語暗記JOKE 私をスルー (through) っと「通して」。

 2 フレーズドリル （🔊 113）

☑1 リスニング → ☑2 英▶日変換 → ☑3 日▶英変換

 英語　　　　　　　　　　　　 日本語

☑ 1	have 30 outlets	30 店舗ある
☑ 2	high quality cleaning services	高品質のクリーニングサービス
☑ 3	Monday through Friday	月曜から金曜を通して
☑ 4	during this period	この期間中に
☑ 5	usual low prices	通常の低価格
☑ 6	become a member	メンバーになる
☑ 7	valuable benefits	価値ある特典
☑ 8	take advantage of ~	～の利点を生かす（利用する）
☑ 9	get ready for ~	～の準備をする
☑ 10	What is indicated?	何が示されていますか？

145

 **センテンスドリル** 114

☑1 リスニング → ☑2 英▶日変換 → ☑3 日▶英変換

☑ 1　Did you know we have 30 outlets?

☑ 2　We provide high quality cleaning services.

☑ 3　It is Monday through Friday.

☑ 4　Bring this flyer during this period.

☑ 5　You can get 10% off the usual low prices.

☑ 6　You can become a member.

☑ 7　You will receive valuable benefits.

☑ 8　Take advantage of this opportunity.

☑ 9　Get your closet ready for spring.

☑ 10　What is indicated in the advertisement?

日本語	解説
30 店舗あるのをご存じでしたか？	日本語のアウトレットは「安売り店」を意味しますが、英語では「直販店、販売店」です。電源の「コンセント」の意味もあります。
私たちは高品質のクリーニングサービスをご提供します。	「クリーニング店」は the cleanersです。qualityは「上質」の意味で使われることもあります。
それは月曜から金曜を通してです。	つづりが似た thought（思った）や though（〜だけれども）と見間違えないように注意！
このチラシをこの期間中に持ってきてください。	TOEICの世界では、flyerに付いている coupon（クーポン券）で特典がもらえたり、店内で割引クーポンが配布されたりも。
あなたは通常の低価格の 10% の割引を受けられます。	副詞形 usually（普段は）も頻出です。offは「割り引いて」という意味。
あなたはメンバーになることができます。	becomeは be動詞のように主語と補語をイコールの関係につなげます。「あなた」＝「メンバー」の関係です。
あなたは価値ある特典を受け取るでしょう。	benefitには通常複数形で「福利厚生（有給休暇、保険など）」の意味もあります。
この機会を利用しましょう。	take advantage of ~（〜を利用する）の形で覚えておきましょう。
あなたのクローゼットに春の準備をさせましょう。	get ready for ~ で「〜の準備をする」、get a closet ready for springで、「closetに春の準備をさせる」となります。
広告には何が示されていますか？	設問に頻出の文です。答えを探すのに時間がかかるときは、飛ばして次の問題を解きましょう。

 チャレンジドリル

英文を読んで下の質問に答えましょう。英文の訳と解答は次ページ。

Part 7

Questions 1-3 refer to the following advertisement.

Sunnyvale Cleaners

Did you know Sunnyvale Cleaners has 30 outlets in Springfield? We have been providing high quality cleaning services for over 20 years. In appreciation of our customers, we are offering a limited time sale Monday through Friday next week. Bring this flyer during this period and you can get 10% off our usual low prices. Become a member to receive many valuable benefits. Take advantage of this opportunity and get your closet ready for spring. We are waiting for you!

1. What is indicated about Sunnyvale Cleaners?
   (A) It is hiring additional staff.
   (B) It develops its own products.
   (C) It has extended its business hours.
   (D) It has 30 outlets.

2. What is Sunnyvale Cleaners offering to their customers?
   (A) Free delivery
   (B) A limited time sale
   (C) A variety of refreshments
   (D) Some sample materials

3. How can customers get a 10% discount?
   (A) By showing a membership card
   (B) By bringing a flyer
   (C) By making a donation
   (D) By giving an account number

英文の訳

問題1-3 は次の広告に関するものです。

Sunnyvale Cleaners
Springfieldに Sunnyvale Cleanersが 30店舗あるのをご存じでしたか？　私たちは20年以上にわたって高品質のクリーニングサービスをご提供しています。お客さまに感謝して、私たちは来週月曜日から金曜日まで期間限定のセールを行います。この期間中にこのチラシをお持ちいただければ、通常の低価格から10%割引いたします。メンバーになってたくさんの価値ある特典を受け取ってください。この機会を利用して、あなたのクローゼットに春の準備をさせましょう。ご来店をお待ちしております！

設問の訳

1. Sunnyvale Cleanersについて何が示されていますか。
(A) 追加のスタッフを雇う。
(B) 自身の製品を開発している。
(C) 営業時間を延長した。
(D) 30 の店舗がある。

2. Sunnyvale Cleanersは顧客に何を提供していますか。
(A) 無料配達
(B) 期間限定セール
(C) さまざまな種類の軽食
(D) 見本の材料

3. 顧客はどうやって10%の割引を受けられますか。
(A) メンバーシップカードを見せる
(B) チラシを持ってくる
(C) 寄付をする
(D) アカウント番号を伝える

語注

show 見せる　donation 寄付　account number アカウント番号

正解

1. (D)　**2.** (B)　**3.** (B)

UNIT 24

メール
ホテルの顧客調査

STEP 1 語彙ドリル

C | 116 | 117

☑1 チャンツ → ☑2 英▶日変換 → ☑3 日▶英変換

	英語	品詞	日本語
☑ 1	recent	形	最近の
☑ 2	satisfied	形	満足して
☑ 3	attach	動	添付する
☑ 4	survey	名	アンケート調査
☑ 5	important	形	重要な
☑ 6	contain	動	含む
☑ 7	valuable	形	貴重な
☑ 8	improve	動	改善する
☑ 9	complete	動	記入する
☑ 10	look forward to ~		~を楽しみにする

単語暗記JOKE 「添付」先にアタッチ (attach) みてください。

STEP 2 フレーズドリル　

☑1 リスニング ➡ ☑2 英▶日変換 ➡ ☑3 日▶英変換

 英語　　　　　　　　　 日本語

☑ 1　recent business trip　　　　最近の出張

☑ 2　you were satisfied with ~　あなたは~に満足した

☑ 3　attach a conference schedule　会議のスケジュール表を添付する

☑ 4　conduct a survey　　　　　アンケート調査を行う

☑ 5　The study is very important.　その調査は非常に重要です。

☑ 6　contain ten questions　　　10 の質問を含む

☑ 7　valuable information　　　貴重な情報

☑ 8　improve our service　　　　サービスを改善する

☑ 9　complete a form　　　　　用紙に記入する

☑ 10　look forward to serving you　サービスを提供することを楽しみにする

STEP 3 センテンスドリル 119

☐1 リスニング → ☐2 英▸日変換 → ☐3 日▸英変換

英語

☐ 1 I was here for a recent business trip.

☐ 2 We hope that you were satisfied with your stay.

☐ 3 I have attached a conference schedule to this e-mail.

☐ 4 We'd like to conduct a survey.

☐ 5 The study is very important for us.

☐ 6 The questionnaire contains ten questions.

☐ 7 Your answers will provide us with valuable information.

☐ 8 We improved our service.

☐ 9 Would you complete a form?

☐ 10 We look forward to serving you again.

日本語	解説
私は<u>最近の</u>出張でここに来ました。	副詞の recently (最近は) も頻出語。文の動詞の時制は過去形か現在完了形です。
ご滞在に<u>満足</u>していただければ幸いです。	感情を表す動詞 (excite、surprise、interestなど) は、受動態の形で使われることが多いです。
私はこの E メールに会議のスケジュール表を<u>添付</u>しました。	他にメールに添付されるものは、履歴書や紹介状、作品のサンプルなどさまざまです。
私たちは<u>アンケート調査</u>を行いたいです。	conduct (行う) するものは、survey (アンケート調査) や interview (面接) などです。
私たちにとってその調査は非常に<u>重要</u>です。	他に、It is important to ~の形でもよく登場します。調査の意味で、survey、study、questionnaireが使われます。
その調査は 10 の質問を<u>含み</u>ます。	containの名詞形 container(容器)は、貨物輸送用のコンテナの意味もあります。
あなたの解答が私たちに<u>貴重な</u>情報を提供してくれます。	valuableは、バリューセットなどと言うときの名詞 value (価値) の形容詞形。provide A with Bで、「AにBを提供する」。
私たちはサービスを<u>改善</u>しました。	improveには「上達させる」という意味もあります。improve my English(英語を上達させる)。
用紙に<u>記入</u>していただけますか?	ゲームの最後の表示 completedは「完了した」という意味ですが、TOEICでは「記入する」の意味でよく登場します。
またサービスをご提供すること<u>を楽しみにしております</u>。	look forward to ~の後ろには名詞か動名詞 (ing形) が続きます。

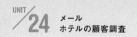

チャレンジドリル

 120

英文を読んで下の質問に答えましょう。英文の訳と解答は次ページ。

Part 7

Questions 1-3 refer to the following e-mail.

From: S.Tompson@redville.com
To: Ted.Bennett@wsa.com
Date: 10 October
Subject: Survey

Dear Mr. Bennett,

Thank you for choosing Redville Hotel for your recent business trip. We hope that you were satisfied with your stay. To make sure that we are providing our customers with our best service, we'd really like to hear your feedback. Therefore, I have attached a short survey to this e-mail. The survey is very important for our staff and contains ten simple questions. Your answers will provide our staff with valuable information to improve our service. Would you complete and return it to us? If you do, you will receive a 20% discount coupon for your next stay. Thank you in advance for your help. We look forward to serving you again.

1. Why did Mr. Bennett visit Redville Hotel?
   (A) For a business trip
   (B) For vacation
   (C) For a book fair
   (D) For an opening sale

2. What is Mr. Bennett asked to do?
   (A) Get a refund
   (B) Purchase an appliance
   (C) Cover a shift
   (D) Complete a survey

3. What will Mr. Bennett receive?
(A) A bill
(B) A coupon
(C) A package
(D) An electronic device

英文の訳

問題1-3 は次のEメールに関するものです。

送信者：S.Tompson@redville.com
受信者：Ted.Bennett@wsa.com
日付：10月10日
件名：アンケート調査
Bennett様

最近のご出張でRedville Hotelをお選びいただきありがとうございます。ご滞在に満足していただけたら幸いです。最良のサービスをお客さまに提供するために、ぜひご意見を伺いたいと存じます。そこで、このEメールに短いアンケート調査を添付いたしました。このアンケート調査は私どものスタッフにとって非常に重要で、10問の短い質問を含んでいます。お客さまの回答がサービスを改善させるための貴重な情報を私どもに提供してくれます。アンケート調査にご記入いただき、ご返送いただけないでしょうか？　もしそうしていただければ、次回のご滞在のための20%割引クーポン券をお送りいたします。ご協力をよろしくお願いいたします。またのご利用をお待ちしております。

設問の訳

1.なぜBennettさんはRedville Hotel
を訪れましたか。
(A) 出張のため
(B) 休暇のため
(C) 本の展示即売会のため
(D) 開店セールのため
2.Bennettさんは何を頼まれていますか。
(A) 返金する

(B) 電化製品を購入する
(C) シフトを代わる
(D) アンケート調査に記入する
3.Bennettさんは何を受け取りますか。
(A) 請求書
(B) 割引券
(C) 小包
(D) 電子機器

語注

feedback 意見　in advance 事前に
book fair 本の展示即売会　bill 請求書

正解

1. (A)　**2.** (D)　**3.** (B)

UNIT 25

**アンケート
スポーツジムの顧客調査**

STEP 1 語彙ドリル　C ◀)) 121　◀)) 122

☑1 チャンツ → ☑2 英▶日変換 → ☑3 日▶英変換

	英語	品詞	日本語
☑ 1	always	副	いつも
☑ 2	opinion	名	意見
☑ 3	rate	動	評価する
☑ 4	enclosed	形	同封されて
☑ 5	usually	副	普段
☑ 6	facility	名	施設
☑ 7	grateful	形	感謝して
☑ 8	however	副	しかしながら
☑ 9	equipment	名	機器
☑ 10	solve	動	解決する

STEP 2 フレーズドリル　🔊123

☑1 リスニング　➡　☑2 ▶変換　➡　☑3 ▶変換

	英語	日本語
☑ 1	we are <u>always</u> trying to ~	私たちは<u>いつも</u>~することを試みている
☑ 2	ask for your <u>opinion</u>	あなたの<u>意見</u>を求める
☑ 3	<u>rate</u> the following services	以下のサービスを<u>評価する</u>
☑ 4	the <u>enclosed</u> customer satisfaction survey	<u>同封された</u>顧客満足度調査
☑ 5	<u>usually</u> use the pool	<u>普段</u>プールを使用する
☑ 6	cleanliness of the <u>facility</u>	<u>施設</u>の清潔さ
☑ 7	I'm <u>grateful</u> to ~	私は~に<u>感謝</u>している
☑ 8	<u>However</u>, the gym is crowded.	<u>しかしながら</u>、ジムは混んでいます。
☑ 9	most of the <u>equipment</u>	<u>機器</u>のほとんど
☑ 10	<u>solve</u> this problem	この問題を<u>解決する</u>

157

STEP 3 センテンスドリル 124

☐1 リスニング → ☐2 英▶日変換 → ☐3 日▶英変換

英語

☐ 1 We are always trying to improve your health.

☐ 2 We would like to ask for your opinion.

☐ 3 Please rate the following services.

☐ 4 Please answer the questions in the enclosed customer satisfaction survey.

☐ 5 I usually use the pool.

☐ 6 We are proud of the cleanliness of our facility.

☐ 7 I'm grateful to the friendly staff.

☐ 8 However, recently the gym has been crowded.

☐ 9 Most of the equipment is always occupied.

☐ 10 I hope you can solve this problem soon.

日本語	解説
私たちは<u>いつも</u>皆さんの健康改善のために努力しています。	TOEICではフィットネスセンターがよく登場します。話題は、会員申し込み、体験レッスンの紹介、スケジュールの変更など。
私たちはあなたの<u>意見</u>を求めたいです。	opinionは feedback（意見）と同様に使えます。
以下のサービスを<u>評価</u>してください。	rateは名詞も同形で「料金」、ratingだと「評価、格付け」を意味します。
<u>同封された</u>顧客満足度調査の質問にお答えください。	封筒に何か入れて送るのは enclose（同封する）ですが、Eメールの場合はattach（添付する）ですね。
私は<u>普段</u>プールを使用します。	既出の usual（通常の）の副詞形です。always（いつも）より頻度が少し下がります。
私たちは<u>施設</u>の清潔さに誇りを持っています。	facilityは図書館、病院、工場、ホテル、ショッピングセンターなどの「施設」や「設備」を指します。
私はフレンドリーなスタッフに<u>感謝</u>しています。	I'm grateful **to 人**（you、themなど）、I'm grateful **for 行為**（your kindness［あなたの親切］など）。
<u>しかしながら</u>、最近ジムは混んでいます。	howeverは、butや thoughと同じく、話の展開が変わることを示す重要な単語です。
<u>機器</u>のほとんどはいつも使用中です。	equipmentはコピー機、カメラなどの機械や設備の総称。occupiedは「使用中」の意味で、Part 1にも登場します。
あなた方がこの問題をすぐに<u>解決</u>できるよう望みます。	solveの名詞形 solution（解決策）も頻出です。TOEICでは、ほとんどの問題は解決されます。

 チャレンジドリル 🔊125

英文を読んで下の質問に答えましょう。英文の訳と解答は次ページ。

Part 7

Questions 1-3 refer to the following survey.

Dear Ms. Summers,

Thank you for using Newport Women's Fitness Center. We are always trying to help improve our members' health and would like to ask for your opinion about our services. Please rate the services in the enclosed customer satisfaction survey.

	satisfied ←———————————————→ not satisfied				
Staff friendliness	⑤	4	3	2	1
Facility cleanliness	⑤	4	3	2	1
Equipment	5	4	3	②	1

Comments: I've been a member for a year. I usually use the gym twice a week. I am very satisfied with the cleanliness of the facility and grateful to the friendly staff. However, recently, most of the equipment in the gym has been always occupied. I hope you can solve this problem soon. Thank you.

1. What is the survey about?
   (A) Members' health
   (B) New classes
   (C) The facility services
   (D) Membership fees

2. What facility does Ms. Summers use the most?
   (A) The gym
   (B) The pool
   (C) The yoga studio
   (D) The cafe

3. What does Ms. Summers mention in the survey?
(A) She is not satisfied with the staff friendliness.
(B) She usually uses the pool.
(C) She has been a member for a year.
(D) She comes to the fitness club every day.

英文の訳

問題1-3は以下のアンケート調査に関するものです。

Summers様

Newport Women's Fitness Centerをご利用いただきありがとうございます。私どもはいつも会員の皆さまの健康改善に努めており、私どものサービスについて皆さまのご意見を頂ければ幸いです。同封された顧客満足度調査で、サービスを評価してください。

	満足 ←————————————————→ 不満足				
スタッフの親しみやすさ	⑤	4	3	2	1
施設の清潔さ	⑤	4	3	2	1
機器	5	4	3	②	1

コメント：私は1年間メンバーです。私は普段週2回ジムを使用しています。私は設備の清潔さに大変満足し、フレンドリーなスタッフに感謝しています。しかしながら、最近、ジムの機器のほとんどがいつも使用中です。この問題をすぐに解決できるといいのですが。よろしくお願いします。

設問の訳

1. このアンケート調査は何についてですか。
(A) 会員の健康状態
(B) 新しいクラス
(C) 施設のサービス
(D) 会員料金
2. Summersさんはどの施設を最も使いますか。
(A) ジム
(B) プール
(C) ヨガスタジオ
(D) カフェ
3. Summersさんはアンケート調査で何を述べていますか。
(A) 彼女はスタッフの親しみやすさに満足していない。
(B) 彼女は普段プールを利用する。
(C) 彼女は1年間メンバーである。
(D) 彼女はフィットネスクラブに毎日来る。

語注

fee 料金

正解

1. (C) **2.** (A) **3.** (C)

UNIT **26** メール
会社の親睦会

STEP 1 語彙ドリル 　　C 🔊 126 🔊 127

□1 チャンツ　→　□2 英▶日変換　→　□3 日▶英変換

	英語	品詞	日本語

☑ 1　invite　　　　　動　招待する

☑ 2　annual　　　　形　毎年恒例の

☑ 3　offer　　　　　動　提供する

☑ 4　familiarize　　動　慣れ親しませる

☑ 5　take place　　　　　行われる

☑ 6　complimentary　形　無料の

☑ 7　encourage　　　動　勧める

☑ 8　form　　　　　名　用紙

☑ 9　personnel　　　形　人事の

☑ 10　case　　　　　名　場合

STEP 2 フレーズドリル 🔊 128

☑1 リスニング → ☑2 英▶日変換 → ☑3 日▶英変換

 英語　　　　　　　　　　　　　　　 日本語

☑ 1	We are pleased to <u>invite</u> you.	あなたを喜んで<u>招待</u>します。
☑ 2	<u>annual</u> social event	<u>毎年恒例</u>の交流イベント
☑ 3	<u>offer</u> you an opportunity	あなたに機会を<u>提供する</u>
☑ 4	<u>familiarize</u> yourself with ~	~に<u>慣れ親しむ</u>
☑ 5	The picnic is scheduled to <u>take place</u>.	親睦会が<u>行われる</u>予定です。
☑ 6	<u>complimentary</u> refreshments	<u>無料の</u>軽食
☑ 7	<u>encourage</u> everyone to join us	皆に参加することを<u>勧める</u>
☑ 8	an application <u>form</u>	申込<u>用紙</u>
☑ 9	<u>personnel</u> department	<u>人事</u>部
☑ 10	in <u>case</u> of rain	雨天の<u>場合</u>

163

STEP 3 センテンスドリル　🔊 129

☑1 リスニング → ☑2 英▶日変換 → ☑3 日▶英変換

英語

☑ 1　We are pleased to <u>invite</u> you to our company picnic.

☑ 2　This picnic is our <u>annual</u> social event.

☑ 3　This event will <u>offer</u> you an opportunity to meet our staff.

☑ 4　This event is to <u>familiarize</u> yourselves with each other.

☑ 5　The picnic is scheduled to <u>take place</u> in April.

☑ 6　<u>Complimentary</u> refreshments will be available.

☑ 7　We <u>encourage</u> everyone to join us.

☑ 8　An application <u>form</u> is attached.

☑ 9　Please return it to the <u>personnel</u> department.

☑ 10　In <u>case</u> of rain, the picnic will be postponed.

日本語	解説
あなたを会社の親睦会に喜んで<u>招待</u>します。	TOEICでは、会議、学会、授賞式、創立記念パーティーなどさまざまなイベントが催されます。
この親睦会はわが社の<u>毎年恒例</u>の交流イベントです。	設問で「イベントは毎年開催か、初めてなのか」問われることがよくあります。要注意単語です。
このイベントはあなたにスタッフと会う機会を<u>与える</u>でしょう。	offerは「申し出る」という意味もあります。What does the man offer to do? (男性は何をすることを申し出ていますか?)。
このイベントはお互いに<u>慣れ親しむ</u>ためのものです。	familiarize oneself with ~ で「~に慣れ親しむ」。形容詞形 familiar (よく知っている) も頻出。
親睦会が4月に<u>行われる</u>予定です。	take placeは Part 3、4 の設問の頻出表現です。
<u>無料の</u>軽食が利用できます。	complimentary = free (無料の) です。TOEICの世界では、無料のコンサートチケットや食事券が気前よく提供されます。
皆さんに参加することを<u>お勧めします</u>。	〈encourage＋人＋ to do (動詞の原形)〉で「人に~することを勧める」の意味。頻出です。
申込<u>用紙</u>が添付されています。	Eメールに「添付する」は attach、封筒に「同封する」は enclose。
それを<u>人事</u>部に返送してください。	personnel (人事の) を personal (個人の) と間違えないように。
雨の<u>場合</u>、親睦会は延期されます。	in case of ~ (~の場合) で覚えておきましょう。in case of emergency (緊急の場合)。

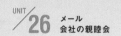

STEP 4 チャレンジドリル

130

英文を読んで下の質問に答えましょう。英文の訳と解答は次ページ。

Part 7

Questions 1-3 refer to the following e-mail.

From: Tristan Field, Personnel Manager
To: All Staff
Date: 10 March
Subject: Invitation

We are pleased to invite you to Megan & Associates' company picnic. This is our annual social event. This event will offer you an opportunity to familiarize yourselves with each other. It is scheduled to take place on April 10 at Waterside Park. Complimentary refreshments will be available. You can also bring your family. We encourage everyone to join us! An application form is attached to this e-mail. If you would like to join, please complete and return it to the personnel department. In case of rain, the picnic will be postponed. We look forward to seeing you at the picnic!

1. What is scheduled on April 10?
(A) An anniversary reception
(B) A job interview
(C) A music festival
(D) A company picnic

2. What will be provided at the picnic?
(A) Complimentary refreshments
(B) Sample materials

(C) Some souvenirs
(D) Flyers

3. What is attached to the e-mail?
(A) A photo
(B) A form
(C) A résumé
(D) A document

問題の訳

問題1-3は次のEメールに関するものです。

送信者：Tristan Field、人事マネジャー
宛先　：全社員
日付　：3月10日
件名　：ご招待
皆さんをMegan & Associatesの会社親睦会に喜んで招待いたします。これはわが社の毎年恒例の交流イベントです。このイベントはあなたたち自身がお互いに慣れ親しむ機会をあなたに提供してくれるでしょう。Waterside Parkで4月10日に行われる予定です。無料の軽食が利用できます。ご家族を連れてくることもできます。ぜひ皆さん参加してください！　申込用紙がこのEメールに添付されています。もし参加希望なら、記入して、人事部に返送してください。雨天の場合、親睦会は延期されます。親睦会で皆さんにお会いできることを楽しみにしています！

設問の訳

1. 4月10日に何が予定されていますか。
(A) 記念パーティー
(B) 仕事の面接
(C) 音楽祭
(D) 会社の親睦会
2. 親睦会で何が提供されますか。
(A) 無料の軽食
(B) 見本の材料
(C) お土産
(D) チラシ
3. Eメールに何が添付されていますか。
(A) 写真
(B) 用紙
(C) 履歴書
(D) 書類

語注

souvenir お土産　résumé 履歴書

正解

1. (D)　**2.** (A)　**3.** (B)

UNIT
27 広告
求人広告

STEP 1 語彙ドリル C ◀)) 131 ◀)) 132

☑1 チャンツ → ☑2 英▶日変換 → ☑3 日▶英変換

	英語	品詞	日本語
☑ 1	currently	副	現在は
☑ 2	representative	名	担当者
☑ 3	responsibility	名	責任、義務
☑ 4	include	動	含む
☑ 5	respond	動	対応する
☑ 6	required	形	必要とされて
☑ 7	fluency	名	流暢さ
☑ 8	apply for ~		~に申し込む
☑ 9	necessary	形	必要な
☑ 10	résumé	名	履歴書

単語暗記JOKE 「必要とされて」も陸はイヤーど (required) 。

1回目 ／ 2回目 ／ 3回目 ／

STEP 2 フレーズドリル (●)) 133

☑1 リスニング → ☑2 英▶日変換 → ☑3 日▶英変換

 英語   日本語

☑ 1　We are <u>currently</u> looking for ~　私たちは<u>現在</u>~を探している

☑ 2　customer service <u>representative</u>　顧客サービス<u>担当者</u>

☑ 3　job <u>responsibilit</u>ies　<u>職務</u>

☑ 4　<u>include</u> answering calls　電話の応対を<u>含む</u>

☑ 5　<u>respond</u> to customers' questions　顧客の問い合わせに<u>対応する</u>

☑ 6　Working extra hours is <u>required</u>.　残業が<u>必要</u>とされます。

☑ 7　<u>fluency</u> in English　英語の<u>流暢さ</u>

☑ 8　<u>apply for</u> this position　この職<u>に申し込む</u>

☑ 9　It is <u>necessary</u> to ~　~することが<u>必要</u>だ

☑ 10　submit a <u>résumé</u>　<u>履歴書</u>を提出する

169

 3 センテンスドリル 134

☑1 リスニング → ☑2 英▶日変換 → ☑3 日▶英変換

 英語

☑ 1 　We are currently looking for a designer.

☑ 2 　He is a customer service representative.

☑ 3 　These are your job responsibilities.

☑ 4 　This job includes answering calls.

☑ 5 　You have to respond to customers' questions.

☑ 6 　Working extra hours and also on some weekends is required.

☑ 7 　Fluency in English is preferred.

☑ 8 　To apply for this position, contact the HR department.

☑ 9 　It is necessary to confirm the appointment.

☑ 10 　Please submit your résumé to the personnel department.

日本語	解説
私たちは<u>現在</u>デザイナーを探しています。	look for ~ は search for ~（～を探す）と同様の意味で、どちらも求人広告で頻繁に使われます。
彼は顧客サービス<u>担当者</u>です。	sales representativeだと「営業担当者」を指します。
これらがあなたの<u>職務</u>です。	responsibilityの形容詞形 responsible（責任がある）は、be responsible for ~（～の責任がある）の形で頻出。
この仕事は電話の応対を<u>含み</u>ます。	including（～を含んで）は、一見動名詞のようですが、前置詞なので Part 5 の品詞問題で間違えないように。
あなたは顧客の質問に<u>対応</u>しなければなりません。	respond の後は to ＋名詞か動名詞（ing形）です。
残業と週末の勤務も<u>必要とされ</u>ます。	求人広告では require、necessary、must、needは全て「必要とされる」という意味。設問のキーワードになります。
英語の<u>流暢さ</u>が望ましいです。	preferredは望ましいだけで、必須ではありません。必須かどうかが設問で問われたら、preferredの有無が解答のポイント。
この職に<u>申し込む</u>ために、人事部に連絡してください。	apply for ~（～に申し込む）で覚えましょう。名詞形 application（申し込み）も頻出。HR departmentは「人事部」。
予約を確認することが<u>必要</u>です。	necessaryの後ろには重要な情報がくるので要注意！ It isのitは仮の主語で、意味上の主語は to以下です。
人事部に<u>履歴書</u>を提出してください。	日本語の「レジュメ」は会議などの要約を指しますが、英語の résumé は「履歴書」です。submit「提出する」は頻出単語。

英文を読んで下の質問に答えましょう。英文の訳と解答は次ページ。

Part 7

Questions 1-3 refer to the following advertisement.

WS Consulting is currently looking for a customer service representative. Job responsibilities include responding to customers' questions. Working extra hours and also on some weekends is required. Fluency in English is preferred. To apply for this position, it is necessary to submit your résumé to the personnel department by July 31.

1. What job position is being advertised?
(A) A customer service representative
(B) A factory supervisor
(C) A project manager
(D) A financial advisor

2. What are the job responsibilities of the position?
(A) Promoting new products
(B) Visiting other branches
(C) Responding to customers' questions
(D) Traveling overseas

3. What department must résumés be submitted to?
(A) Marketing
(B) Maintenance
(C) Personnel
(D) Sales

問題の訳

問題1-3 は次の広告に関するものです。

WS Consultingは現在顧客サービス担当を探しています。職務は顧客の質問に対応することを含みます。残業と週末の勤務も必要とされます。英語が流暢なことが望ましいです。この職に申し込むには、7月31日までに人事部に履歴書を提出することが必要です。

設問の訳

1. どのような職種が広告されていますか。
(A) 顧客サービス担当
(B) 工場管理者
(C) プロジェクトマネジャー
(D) 財務顧問
2. この仕事の職務は何ですか。
(A) 新製品を宣伝すること
(B) 他の支店を訪ねること
(C) 顧客の質問に対応すること
(D) 海外に出張すること
3. 履歴書はどの部門に提出されないといけませんか。
(A) マーケティング部
(B) 保守部
(C) 人事部
(D) 営業部

語注

supervisor 管理者　financial 財務の
branch 支店　overseas 海外に

正解

1. (A)　**2.** (C)　**3.** (C)

UNIT 28

メモ
退職パーティー

STEP 1 語彙ドリル

C ◀)) 136 ◀)) 137

☑1 チャンツ → ☑2 英▶日変換 → ☑3 日▶英変換

	英語	品詞	日本語
☑ 1	retirement	名	退職
☑ 2	as	前	～として
☑ 3	knowledge	名	知識
☑ 4	ability	名	能力
☑ 5	believe	動	信じる
☑ 6	especially	副	特に
☑ 7	expand	動	拡大する
☑ 8	farewell	形	送別の
☑ 9	sign	動	署名する
☑ 10	personal	形	個人の

STEP 2 フレーズドリル 🔊 138

☑1 リスニング → ☑2 英▶日変換 → ☑3 日▶英変換

 英語　　　　 日本語

☑ 1	upcoming <u>retirement</u>	間もなくやって来る<u>退職</u>
☑ 2	<u>as</u> marketing manager	マーケティングマネジャー<u>として</u>
☑ 3	a wide range of <u>knowledge</u>	幅広い範囲の<u>知識</u>
☑ 4	a great <u>ability</u> to work with others	他人と一緒に働く素晴らしい<u>能力</u>
☑ 5	we all <u>believe</u>	私たち全員が<u>信じる</u>
☑ 6	<u>especially</u> important	<u>特に</u>重要な
☑ 7	help our company <u>expand</u>	わが社が<u>拡大する</u>のを促進する
☑ 8	<u>farewell</u> reception	<u>送別会</u>
☑ 9	<u>sign</u> the album	アルバムに<u>署名する</u>
☑ 10	<u>personal</u> assistant	<u>個人</u>アシスタント

175

 3 センテンスドリル 139

☑1 リスニング → ☑2 英▸日変換 → ☑3 日▸英変換

 英語

☑ 1 I would like to announce his upcoming <u>retirement</u>.

☑ 2 He has served <u>as</u> marketing manager.

☑ 3 He has a wide range of <u>knowledge</u>.

☑ 4 He has a great <u>ability</u> to work with others.

☑ 5 We all <u>believe</u> that he is excellent.

☑ 6 He is <u>especially</u> important.

☑ 7 He is helping our company <u>expand</u>.

☑ 8 At tomorrow's <u>farewell</u> reception, we'll take some pictures.

☑ 9 If anyone would like to <u>sign</u> the album,

☑ 10 Please contact my <u>personal</u> assistant.

日本語	解説
私は間もなくやって来る彼の<u>退職</u>を発表したいと思います。	動詞形 retire（退職する）も頻出です。退職の話題は、Part 3、4でも取り上げられます。
彼はマーケティングマネジャーと<u>して</u>勤めてきました。	serveの意味には「飲食物を提供する」以外に、「勤める」があります。
彼は幅広い範囲の<u>知識</u>を持っています。	knowledgeは動詞 know（知っている）の名詞形なので「知識」ですね。
彼は他人と一緒に働く素晴らしい<u>能力</u>を持っています。	abilityは形容詞 able（〜できる）の名詞形で、類義語は skill（能力、技能）です。
私たち全員が、彼が優秀であると<u>信じています</u>。	believeの後には名詞か、thatに導かれる文（主語＋動詞）がきます。
彼は<u>特に</u>重要です。	especiallyは「特に」「なかでも」と強調したいときに使う副詞です。
彼はわが社が<u>拡大する</u>のを促進しています。	expandの exは外に広がるイメージを持ちます。exit（出口）、export（輸出）。
明日の<u>送別会</u>で、写真を撮ります。	送別会では、farewell note（お別れのメッセージ）や、記念の額なども送られます。
もし誰かアルバムに<u>署名をし</u>たいなら、	signには名詞で「標識」の意味もあります。
私の<u>個人</u>アシスタントに連絡してください。	personnel（人事の）と personal（個人の）を混同しないようにしましょう。

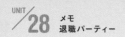 チャレンジドリル

英文を読んで下の質問に答えましょう。英文の訳と解答は次ページ。

Part 7

Questions 1-3 refer to the following memo.

MEMO
To: All staff

I would like to announce James Watanabe's upcoming retirement. As you know, James has served the company for 20 years as marketing manager. He has a wide range of knowledge of our customer needs and a great ability to work with others. I'm sure we all believe that he was especially important in helping our company expand. At tomorrow's farewell reception, we will be presenting Mr. Watanabe with a photo album. If anyone would like to sign the album, please contact my personal assistant, Robin Bremen.

Thank you.

1. What department does Mr. Watanabe work in?
   (A) Accounting
   (B) Personnel
   (C) Marketing
   (D) Legal

2. What is planned for tomorrow?
   (A) A job fair
   (B) An opening ceremony
   (C) A farewell reception
   (D) A music concert

3. What will be presented to Mr. Watanabe tomorrow?
(A) An itinerary
(B) A book
(C) A discount coupon
(D) An album

問題の訳

問題1-3 は次の連絡メモに関するものです。

連絡メモ
全社員へ
間もなくやって来る James Watanabeさんの退職を発表したいと思います。皆さんご存じの通り、Jamesさんはこの会社でマーケティングマネジャーとして20年間勤めてきました。彼は広い範囲にわたる顧客ニーズの知識を持ち、他人と一緒に働く素晴らしい能力を持っています。皆さんはきっと、彼がわが社の拡大を促進するのに特に重要だったと信じているに違いありません。明日の送別会で、Watanabeさんにフォトアルバムを贈ります。もしどなたかアルバムに署名をしたければ、私の秘書、Robin Bremenに連絡してください。
よろしくお願いします。

設問の訳

1. Watanabeさんはどの部署で働いていますか。
(A) 経理部
(B) 人事部
(C) マーケティング部
(D) 法務部
2. 明日何が計画されていますか。
(A) 就職説明会
(B) 開会式
(C) 送別会
(D) 音楽のコンサート
3. 明日 Watanabeさんに何が贈られますか。
(A) 旅程表
(B) 本
(C) 割引クーポン
(D) アルバム

語注

accounting 経理の　legal 法務の

正解

1. (C) **2.** (C) **3.** (D)

179

UNIT 29 メール
倉庫の移転

STEP 1 語彙ドリル C ◀)) 141 ◀)) 142

 → →

□1 チャンツ → □2 英▶日変換 → □3 日▶英変換

	英語	品詞	日本語
☑ 1	supply	名	用品
☑ 2	warehouse	名	倉庫
☑ 3	inventory	名	在庫
☑ 4	plant	名	工場
☑ 5	process	名	手続き
☑ 6	a few		2、3の
☑ 7	unable	形	～できない
☑ 8	ship	動	出荷する
☑ 9	item	名	品物
☑ 10	in advance		事前に

単語暗記JOKE プラーンと (plant)「工場」に立ち寄った。

STEP 2 フレーズドリル　🔊143

☑1 リスニング　➡　☑2 英▶日変換　➡　☑3 日▶英変換

 英語　 日本語

	英語	日本語
☑ 1	office supplies	事務用品
☑ 2	our main warehouse	当社の主要な倉庫
☑ 3	inventory will be moved	在庫は移動されるだろう
☑ 4	send the equipment to our new plant	新しい工場にその機器を送る
☑ 5	This process will take some time.	この手続きにいくらか時間がかかるだろう。
☑ 6	up to a few weeks	最大2、3週間
☑ 7	we will be unable to ~	～することができないだろう
☑ 8	ship overseas	海外に出荷する
☑ 9	additional items	追加の品物
☑ 10	place an order in advance	事前に注文する

181

STEP 3 センテンスドリル 144

☐1 リスニング → ☐2 英▸日変換 → ☐3 日▸英変換

英語

☐ 1 Thank you for ordering our office supplies.

☐ 2 Our main warehouse will be renovated.

☐ 3 All inventory will temporarily be moved.

☐ 4 We will send the equipment to our new plant.

☐ 5 This process will take some time to complete.

☐ 6 It will take up to a few weeks.

☐ 7 We will be unable to send e-mails.

☐ 8 We cannot ship overseas.

☐ 9 If you need any additional items,

☐ 10 Please be sure to place your orders in advance.

日本語	解説
当社の事務用品をご注文いただき、ありがとうございます。	動詞形 supply (供給する) も頻出単語。I supply you with food. (あなたに食料を供給する)。
当社の主要な倉庫は改装されます。	warehouseは、ふ頭などによくある大きな「倉庫」を指します。
全ての在庫は一時的に移動されるでしょう。	temporarilyのtempは「一時的」などいう意味が含まれます。temp staff(派遣社員)。
新しい工場にその機器を送ります。	plantには「植物」や「(植物を) 植える」という意味もあります。この意味ではPart 1でも出題されます。
この手続きは完了するまでにいくらか時間がかかるでしょう。	processは動詞で「処理する」という意味もあります。process an order(注文を処理する)。
最大で2、3週間かかるでしょう。	a few の後には名詞の複数形がきます。a few items (2、3の品物)。up to ~は「最大で~、最高で~」。
メールを送ることができないでしょう。	unは否定の意味を持ちます。un＋able(できる)＝unable(できない)。unlimited(無制限の)、unlikely (~しそうにない) など。
当社は海外に出荷することができません。	overseas (海外へ) は abroad (海外へ) に置き換え可能です。go overseas (abroad) で「海外へ行く」。
もし追加の品物が必要なら、	itemは注文品、展示品、持ち物など品物全般を指し、それらの具体的な名前が item で言い換えられます。
必ず事前にご注文ください。	advanceは名詞で「前進」、動詞で「進歩する」、形容詞で「事前の」のように、前に進むイメージを持つ単語です。

英文を読んで下の質問に答えましょう。英文の訳と解答は次ページ。

Part 7

Questions 1-3 refer to the following e-mail.

From: mia.t@cartwright.com
To: j.oconnor@bgi.com
Date: 1 September
Subject: Notice of warehouse renovation

Dear Ms. O'Connor,

Thank you always for choosing our company for your office supplies. I want to let you know that starting on September 20, our main warehouse is going to be renovated. During that time all inventory will temporarily be moved to our Bridgeport plant. This process will take up to a few weeks. Therefore, we will be unable to ship overseas during this period. To avoid delays, if you need any additional items, please be sure to place your orders in advance.

Mia Teasdale
Sales Representative
Cartwright Office Supplies

1. What will happen from September 20?
   (A) A new parking space will be created.
   (B) Some furniture will arrive.
   (C) A farewell reception will be held.
   (D) A warehouse will be renovated.

2. What is the problem?
(A) Overseas shipping will not be available.
(B) A construction plan will be behind schedule.
(C) Some office supplies will be out of stock.
(D) A meeting will be postponed.

3. What should Ms. O'Connor do to avoid delays?
(A) Place orders in advance
(B) Change suppliers
(C) Cancel her orders
(D) Consider another option

問題の訳

問題1-3は次のEメールに関するものです。

送信者：mia.t@cartwright.com
宛先　：j.oconnor@bgi.com
日付　：9月1日
件名　：倉庫の改装のお知らせ
O'Connor様
当社の事務用品をいつもお選びいただきありがとうございます。9月20日から、当社の主要な倉庫が改装されることをお知らせさせていただきます。この期間、全ての在庫は当社のBridgeportの工場に一時的に移動されます。この手続きに最大で2、3週間かかるでしょう。そのため、この期間、当社は海外に出荷することができません。遅れを防ぐために、もし追加の品物が必要なら、必ず事前にご注文ください。
Mia Teasdale セールス担当 Cartwright Office Supplies

設問の訳

1. 9月20日から何が起こりますか。
(A) 新しい駐車スペースが作られる。
(B) 新しい家具が届く。
(C) 退職パーティーが開かれる。
(D) 倉庫が改装される。
2. 何が問題ですか。
(A) 海外への出荷が利用できなくなる。
(B) 工事計画が予定より遅れる。

(C) いくつかの事務用品が在庫切れになる。
(D) 会議が延期される。
3. O'Connorさんは、遅れを避けるために何をすべきですか。
(A) 事前に注文をする
(B) 納入業者を変更する
(C) 注文をキャンセルする
(D) 他のオプションを検討する

正解

1. (D) **2.** (A) **3.** (A)

UNIT 30

記事
写真家の受賞のニュース

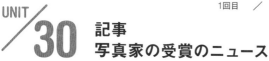

STEP 1 語彙ドリル

C | 🔊 146 🔊 147

☑1 チャンツ → ☑2 英▶日変換 → ☑3 日▶英変換

 英語　　　　　　　　　　　　　 品詞　日本語

	英語	品詞	日本語
☑ 1	photographer	名	写真家
☑ 2	prize	名	賞
☑ 3	vote	名	投票
☑ 4	clerk	名	店員
☑ 5	feature	動	特徴とする
☑ 6	addition	名	追加
☑ 7	role	名	役割
☑ 8	review	名	評価
☑ 9	immediately	副	すぐに
☑ 10	article	名	記事

単語暗記JOKE ボーっと (vote) して「**投票する**」のはいけません。

1回目　／　2回目　／　3回目　／

STEP 2 フレーズドリル　🔊 148

☑1 リスニング　➡　☑2 英▶日変換　➡　☑3 日▶英変換

 英語　　　　　　　　　　 日本語

☑ 1　a Canadian photographer　カナダ人の写真家

☑ 2　Toronto Booksellers Prize　トロント本屋大賞

☑ 3　based on votes　投票を元に

☑ 4　bookstore clerk　書店員

☑ 5　feature many photographs　多くの写真を特徴とする

☑ 6　in addition to ~　～に追加して

☑ 7　play an important role in ~　～の重要な役割を果たす

☑ 8　book reviews　書評

☑ 9　reserve your space immediately　すぐにあなたのスペースを予約する

☑ 10　according to the article　記事によると

STEP 3 センテンスドリル 149

☐1 リスニング → ☐2 英▸日変換 → ☐3 日▸英変換

英語

☐ 1 A Canadian photographer was recently awarded a prize.

☐ 2 It is the Toronto Booksellers Prize.

☐ 3 The award was based on votes by clerks.

☐ 4 They are bookstore clerks from around the city.

☐ 5 The book features many photographs.

☐ 6 In addition to being a photographer,

☐ 7 He plays an important role in promoting Canadian tourism.

☐ 8 The book reviews were so good.

☐ 9 Be sure to reserve your space immediately.

☐ 10 According to the article, what will happen on September 6?

日本語	解説
カナダ人の写真家が最近賞を与えられました。	chef（シェフ）、accountant（会計士）、lawyer（弁護士）、actor（俳優）などさまざまな職業が登場します。
それはトロント本屋大賞です。	名詞の award と prize は同様の意味ですが、「賞を与える」というときの動詞は award です。
その賞は店員の投票を元にしました。	based in ～ は「～を拠点に」で、本社、本店を表せます。based in Osaka（大阪を本拠地として）
彼らは、街中の書店員です。	hotel clerk だと「ホテルの従業員」を指します。
その本はたくさんの写真を特徴とします。	feature は同じ形で名詞（特徴、特集）でも頻出です。「何を feature としていますか」と設問で問われます。
写真家であることに加えて、	addition の動詞形 add（加える）、形容詞形 additional（追加の）、副詞形 additionally（追加で）。全て頻出表現です。
彼はカナダの観光の宣伝に重要な役割を果たしています。	〈play ＋形容詞＋role〉の形でよく使われます。形容詞は、central、leading（中心的な）などがあります。
書評は大変良かったです。	review は、通販のレビューでご存じですよね。また re（もう一度）＋ view（見る）＝「見直す、復習する」の意味もあります。
必ずすぐにあなたのスペースを予約してください。	immediately は soon（すぐに）と同意語ですが、どちらかと言えば、書き言葉でよく使われます。
記事によると、9月6日に何が起こりますか。	according to ～ は設問に頻出。Part 7 で文書が複数あるとき、to 以下を見てどの文書を読めばいいか判断します。

チャレンジドリル 🔊 150

英文を読んで下の質問に答えましょう。英文の訳と解答は次ページ。

Part 7

Questions 1-3 refer to the following article.

Article Toronto Daily News

Canadian photographer Mitch Pagnotta was recently awarded the Toronto Booksellers Prize. His new book, *Images of the Great North,* was awarded the prize based on votes by bookstore clerks from around the city. The book features many beautiful photographs of Canadian nature. In addition to being a photographer, Mr. Pagnotta also plays an important role in promoting Canadian tourism. On September 6, he will be attending Somerset Books' book fair in Toronto. "I was really surprised to hear the book reviews were so good. I hope my readers will come and experience Canadian nature directly for themselves," said Mr. Pagnotta. Seating is limited. Be sure to reserve your space immediately.

1. Who most likely is Mitch Pagnotta?
   (A) A radio broadcaster
   (B) A professional athlete
   (C) A photographer
   (D) A bookstore clerk

2. What is the book, *Images of the Great North* mostly about?
   (A) Canadian nature
   (B) Gardening
   (C) Overseas travel
   (D) Cooking recipes

3. According to the article, what will happen on September 6?
(A) A book fair will take place.
(B) A new book will go on sale.
(C) A sales representative will make a presentation.
(D) An art gallery will open.

問題の訳

問題1-3 は次の記事に関するものです。

記事：Toronto デイリーニュース
カナダ人写真家の Mitch Pagnotta さんは最近トロント本屋大賞を取りました。彼の新しい本 Images of the Great North は街中の書店員の投票を元に賞を与えられました。この本は、たくさんのカナダの自然の写真を特徴とします。写真家であることに加えて、Pagnotta さんはカナダの観光の宣伝に重要な役割を果たしています。9月6日、彼はトロントにある Somerset Books のブックフェアに参加します。Pagnotta さんは「本の書評がとても良かったと聞いて、本当に驚きました。読者の皆さんがカナダに来て、カナダの自然を直接楽しんでほしいです」と言っています。座席は限られています。必ずすぐにあなたのスペースを予約してください。

設問の訳

1. Mitch Pagnotta は誰だと考えられますか。
(A) ラジオ局のアナウンサー
(B) プロの運動選手
(C) 写真家
(D) 書店員
2. Images of the Great North は主に何についての本ですか。
(A) カナダの自然
(B) 園芸
(C) 海外旅行
(D) 料理の調理法
3. 記事によると、9月6日に何が起こりますか。
(A) ブックフェアが行われる。
(B) 新しい本が発売される。
(C) セールス担当がプレゼンを行う。
(D) 画廊が開店する。

語注

nature 自然　cooking recipes 料理の調理法　art gallery 画廊

正解

1. (C)　**2.** (A)　**3.** (A)

191

高橋恭子
英語講師。数々の有名企業、大学でTOEICテスト対策のセミナーや講座の豊富な経験を持つ。学生時代英語が苦手だった自身の経験を生かし、3カ月で200点アップなど、多くの受講生のスコアアップに貢献、スコアアップ請負人として定評を得ている。留学なしでTOEIC®テスト990点（満点）、英検1級、通訳ガイド資格を取得。リクルートのスタディサプリEnglish基礎講座基礎英文法の監修。著書に『TOEIC® L&Rテスト 英文法 ゼロからスコアが稼げるドリル』『同リスニング』『同 続・英文法』（以上アルク）がある。

TOEIC® L&Rテスト
英単語 ゼロからスコアが稼げるドリル

発行日　2020年10月13日（初版）
　　　　2024年7月4日（第3刷）

著者　高橋恭子

編集　株式会社アルク出版編集部
校正　Margaret Stalker／Peter Branscombe／渡邉真理子
AD・デザイン　武藤一将（MUTO DESIGN ROOM）
イラスト カバー：タオカミカ／本文：高橋恭子
ナレーション　Guy Perryman／Howard Colefield／Jennifer Okano／水月優希

録音・編集　一般財団法人英語教育協議会（ELEC）
DTP　株式会社秀文社
印刷・製本 株式会社シナノ

発行者　天野智之
発行所　株式会社アルク
〒141-0001 東京都品川区北品川6-7-29 ガーデンシティ品川御殿山
ウェブサイト：https://www.alc.co.jp/

落丁本、乱丁本は弊社にてお取り換えいたしております。
Web お問い合わせフォームにてご連絡ください。
https://www.alc.co.jp/inquiry/

ご購入いただいた書籍の最新サポート情報は、
以下の「製品サポート」ページでご提供いたします。
製品サポート：https://www.alc.co.jp/usersupport/

©2020 Kyoko Takahashi / ALC PRESS INC. Printed in Japan.
PC：7020060　ISBN：978-4-7574-3650-3

地球人ネットワークを創る

アルクのシンボル
「地球人マーク」です。